マンガ母乳子育てライフ

# 赤ちゃんはおっぱい大すき

すずきともこ

堀内勁・監修　自然食通信社・編

おむつ替えおっぱいをやり寝かせ抱く　母が私にしてくれたこと

俵万智『プーさんの鼻』（文藝春秋）より

もくじ

# 産むこと育てること——おっぱいライフを楽しもう

自然食通信社編集部

ようやく授かった子どもだから、胸にしっかり抱いておっぱいで育てたかったのだけれど、どうがんばっても母乳が出なかった。妊娠中は無事に生まれるかどうかが心配で、お産の後のことまで考える気持ちの余裕がなかった。なので、どうやっておっぱいを吸わせればよいかわからなかった。産院では母乳育児のことを何も教えてくれず、おっぱいが足りていないから粉ミルクを足しましょうと言われて、「そうかなあ」と思ったけれど赤ちゃんがおっぱいを吸ってくれないので、とうとう粉ミルクだけになってしまったなどなど、若いお母さんたちの戸惑いの声をよく耳にします。

## 子ども四人、それぞれの母乳育児

小さい子をもつお母さんのナマの声を聞きたくて、神奈川県川崎市の伊藤香織さんを訪ねました。香織さんは九歳から三歳まで三男一女のお母さんです。

小学校四年生の長男・廉太朗くんは、一歳二か月で〝卒乳〟するまで母乳だけで育てました。一年生の武沙《むうさ》くんのときは、生後五、六ヶ月までは母乳だけでしたが、おっぱいを飲んでもすぐにまた欲しがるので、母乳だけでは足りないのではないかと不安になって粉ミルクを足すようになりました。幼稚園年中組の初花《にいな》ちゃんも生後四か月までは母乳だけでしたが、香織さんが耳の病気になって薬を飲むことになり、医師に相談したところ母乳はやめたほうがいいと言われ、それからは粉ミルクだけになりました。第四子の文大《もんた》くんが生まれたときは、上二人が小学校と幼稚園に通うようになり、子ども三人をかかえて母乳だけで育てるのはとてもたいへんで、次第に粉ミルクとの混合になったと語ります。
「どの子のときだったか、胸にしこりができて（乳がんかもしれないと）心配になって病院に行っ

## 体の中に

お産の3日前のこと。
腰がはる。
初めての感覚。
骨盤が、開いていく感じ。
もうすぐ予定日。
体が、準備してるんだ…。
自分の体の中に、
なんか、すごい…。
大自然の営みを感じた。

たのです。そうしたら乳腺炎だと診断されて」と香織さん。

母乳を分泌する乳腺に炎症が起きる乳腺炎。おっぱいが痛かったり熱を帯びるなどつらかったはずですが、何番目の子の授乳中だったか思い出せないとは、それだけ子育てに無我夢中だったからでしょうか。

赤ちゃんと自分の状態に合わせて、母乳、粉ミルク、母乳と粉ミルクとの混合と、三通りの経験のある香織さんは、「母乳、粉ミルク、それぞれによいところとそうでないところがありますね」といいます。

母乳だけだと、出かけるときは〝手ぶら〟で大丈夫ですが、粉ミルクは、ミルクと消毒したほ乳ビン、お湯を用意しなければなりません。これにプラスして、おむつや着替えも子どもの数だけ持って行かなければならないので、関西の実家に帰るときなどは大荷物になりました。とはいっても、粉ミルクの便利なところはレストランや公園のベンチなどで授乳できること。母乳だと少し難しいかもしれません。

「デパートなどにある授乳室は一見、便利なようですよね。でも、とくにおっぱいの場合、授乳室でしか授乳しちゃいけないような雰囲気があってストレスを感じました」

実家は遠く、夫は帰宅が遅い仕事のために、子ども四人の世話はほとんど一人でやってきた香織さんは、「おっぱいの出があまりよくなくても、ごまかしごまかし母乳育児はやれると思います。離乳食が始まる生後五、六か月まで、おっぱいだけでがんばるかミルクを足すかはその人次第ですよね」と、先輩お母さんとしての思いを語ってくれました。

## 「出ない」「足りない」はなぜ

私たち人類は（と大きく出ましたが）、何万年もの昔から〝ほ乳動物〟の名の通り、おっぱいで子どもを育ててきました。では、今の日本で母乳育児の割合はどれくらいかというと、母乳だけで育っている生後一ヶ月の赤ちゃんは四二・四%、生後三ヶ月では三八%なのです。妊

### 生きる、生まれる

生まれたての赤ちゃんは
いっしょうけんめい、こっちを見る。
ママ…。
とても小さいのに、
おっぱいを吸う力は、力強い。
動く。声を出す。
アッ。
アー。
生きてる。すごい。
生まれるだけで、
生きてるだけで、
奇跡のように感じた。

娠している女性の九六％、つまりほとんどは母乳育児を望んでいるにもかかわらず、現実は希望通りにはいかないようです。（二〇〇五年度厚労省「乳幼児栄養調査」より）

母乳で育てたくても育てられないのはなぜなのでしょう。

厚労省の調査では「母乳が不足ぎみ」「母乳が出ない」から、という理由が大半です。生後一ヶ月の赤ちゃんを粉ミルクだけで育てているお母さんに、その理由をたずねると、五七％の人が「母乳が出ない」からと答えています。母乳が足りていないと不安になって粉ミルクを足したり、周囲の人から「足りてないのでは」と言われて粉ミルクを足したり、母乳で育てたいけれども出ないので、仕方なく粉ミルクになって母乳育児をあきらめてしまう若いお母さんたち。では昔は、どれくらいの赤ちゃんが母乳だけで育っていたかというと、一九六〇年の調査では生後一ヶ月で七〇．五％と、二〇〇五年とは大きく違います。この半世紀の間に、母乳育児をめぐっていったい何が起きたのでしょうか。

「昔と違って、赤ちゃんを母乳で育てられる〝環境〟が整っていませんよね」と語るのは、東京都国分寺市の矢島助産院で管理栄養士をつとめる岡本正子さんです。

岡本さんは、現在二二才になる第三子を院長の矢島床子さんにとりあげてもらったことをきっかけに、食事の面から若いお母さんたちの出産、授乳、子育てを手伝いたいと勉強を始め、今では助産院の食事をつくるかたわら、地域で開かれる食の講習会などにも出向いています。

矢島助産院の産婦さんは、お産の疲れの激しい人や虚弱体質の人以外は、ほとんど全員が出産直後からおっぱいを与え、その後もずっとおっぱいで育てる人がほとんどだそうです。「助産師さんに直接聞いてもらった方がいいのですが」と前置きして、妊産婦さんとの長年のお付き合いで感じていることを語ってくれました。
「お産すると自然に母乳が出ると思っている妊婦さんが多いのです。でも、そうではないのです。赤ちゃんの抱き方、おっぱいの吸わせ方、おっぱいによい食事などを学ぶことが大事なのです」
そこで矢島助産院では、みんなで学び合う学習会などを開いて妊婦さんをサポートしています。
母乳で育てるためには、産後のサポートも大事です。

## ママの心

初めて母乳が出たとき、
新しい世界と出会った。
わいてくる母乳の感覚。
飲んでいる赤ちゃん。
なんだか、ぴったりする。
いっしょにいる…
つながっているという感じ。
赤ちゃんが満足して、口を はなす。
しあわせなかんじ…
その安心した表情を見て、
私も安心する。

「お産は病気ではないけれど体力的にとても負担が大きいので、元のからだに戻るまでだれかに助けてもらうことが大切ですよね」

産後の充分に回復していない体で家事や上の子の世話に追われれば、赤ちゃんに合わせて一日何回もの授乳はとても無理なこと。一人で何もかも背負いこんでいては、おっぱいは続けられません。そしてまた、母乳育児のことを知る機会がないまま妊娠・出産し、退院して家に帰ってから、赤ちゃんと二人きりの暮らしになって心細い思いをするとしたら……。ここに、「出ない」「足りない」の理由が隠れているのかもしれません。

矢島助産院でお産した産婦さんは、入院中はみな一緒に食卓を囲みます。毎日の献立は穀物と野菜たっぷりの和食中心。動物性タンパク質は魚がメインで、卵や肉、乳製品はほとんど使いません。そして産後は体力が消耗していることから消化のよいもの、お産で失われた鉄分を補うものを出すようにしています。また、母乳が充分に出始めるまではカロリーをおさえた食事を摂るようにと、助産師さんがアドバイスしているそうです。

「砂糖やこってりしたものは、おっぱいトラブルの原因になりやすいので控えめにした方がいいですね。母乳によい食事とは、メタボのお父さんにも小さい子にも、家族みんなによい食事です」

岡本さんは助産院分館のウィメンズサロンで開かれる、「食の講習会」の講師もつとめています。初めてのお産を目前にした人や赤ちゃん連れの人、他の産院で出産予定の妊婦さんも参加して、みんなでランチをつくっていただく会。和気あいあいの雰囲気の中で、岡本さんはお産を乗り切る体づくりや離乳食の工夫などを伝えます。また、参加者どうしで、おっぱいや育児のちょっとした工夫を情報交換。毎月二回の講習会は、先輩から後輩へと、子どもを産むこと育てることの豊かさを伝え合う場でもあるのです。

## 赤ちゃんの心

授乳しながら、
にこっ
目と目が合う。
おいしい?
アー。
話(?)もする。
おっぱいは胸にあるから
あったかい…
毎日 何回も、脳に 抱っこする。
満足。安心。信頼。
抱っこのおっぱいは子どもの心の中に、大切なものを育てている。

## やっぱり、おっぱいがいちばん

四人の子どものお母さん、伊藤香織さんのしなやかで無理をしない子育ての根っこには、大好きだった祖母から、「子どもは多ければ多いほどいい」と聞かされていたことがあるようです。長男の出産で実家に帰ったとき、祖母は「赤ん坊が泣いたらおっぱいを吸わせておけばいいんだよ。おっぱいを出すためには、味噌汁をたくさん飲んで、ご飯をいっぱい食べなさい」と、昔ながらの大らかな子育ての知恵を伝えてくれました。

伊藤さんたち若いお母さんの祖母の時代、粉ミルクはあまり普及しておらず、しかも高価でしたから、赤ちゃんは母乳で育てることが当たり前だったのです。モノがあふれている現代とはほど遠い暮らしだとはいえ、たとえば縁側で授乳していれば近所の人がひょいと顔をのぞかせ、「こうすれば赤ちゃんはもっとお乳を吸いやすいよ」と、さりげなく声をかけてくれることもあったでしょう。家族全員が家業に精を出していても、元気な子どもを育てるためには「(上の子の世話や家事より) おっぱいが先」と励まされたかもしれません。

時代は下って、高度経済成長期の一九七〇年頃から粉ミルク全盛となっていきます。それまで充分な栄養を摂れなくて失われていた命が救われるいっぽうで、地域や家族のありさまが大きく変わってしまい、伝えられてきた子育ての知恵、おっぱい育児の知恵はとだえがちになってしまいました。粉ミルク全盛期に子育てした母親世代には、「母乳にこだわらなくてもいいのに」と考える人も少なくありません。
そして今、母乳だけで育っている生後一ヶ月の赤ちゃんは約四二%。これに、母乳と粉ミルクとの混合の赤ちゃんをプラスすれば九五%となり、一九九〇年の八七%に比べると、粉ミルクとの混合ではあっても母乳を飲んでいる赤ちゃんは確実に増えています。赤ちゃんを育てるには、やっぱりおっぱいがいちばん、赤ちゃんにも自分にもとても自然なこと。そう感じて、おっぱいで育てようとする若いお母さんたちが増えているのでしょう。
この本のマンガを描いた、すずきともこさんは二〇歳から一一歳の子ども四人を母乳で育て

## 体全体で感じる

母乳が わいてくると、
体全体が「ぽわーん」とする。
手足の先までほんわかと、
温泉に入ってるみたい…。
あたたまってくる感じ。
だんだん、
ほぐれて、とけていくかんじ…。
とろとろ…
気持ちよくなってきて、
うとうと、
zzz…。
こっくり
こっくり
眠りそうになるくらいです。

た先輩お母さん。すずきさん自身も不安になりながら、迷いながら、多くの人々に助けられながら子どもを育て、子育てを通してたくさんの仲間たちとつながってきました。その体験から生まれた、おっぱいライフの楽しさと困ったときの対処法をマンガでお届けします。

おっぱい育児の〝コツ〟を知れば、もしかしたら、母乳が足りないからと粉ミルクを足さなくてもよくなるかもしれません。そして、おっぱいライフをもっともっと楽しめるようになるでしょう。

※参考『母乳と環境』（岩波ブックレット761）本郷寛子著

瀬戸内海に面した人口約5万5千人の町、山口県光市では1995年、「おっぱい都市宣言」が市議会で採択されました。母乳育児を推し進めるためのきめ細かなサポート態勢がつくられ、母乳だけで育っている生後3ヶ月の赤ちゃんは、2005年の調査では68.8%、2008年は73.5%となっています。

## おっぱいはどこから?

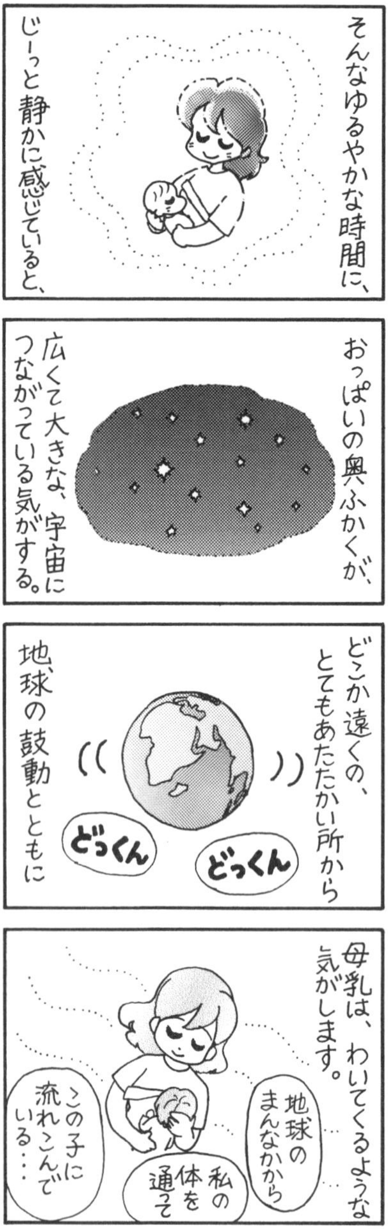

そんなゆるやかな時間に、
じーっと静かに感じていると、
おっぱいの奥ふかくが、
広くて大きな、宇宙につながっている気がする。
どこか遠くの、とてもあたたかい所から
地球の鼓動とともに
どっくん
どっくん
母乳は、わいてくるような気がします。
地球のまんなかから
私の体を通って
この子に流れこんでいる…

Chapter. 01

# 子どもの頃をふり返ると…

小学生の関心

姉の里帰り出産

粉ミルク世代の後に

# 小学生の関心

## 大人になったら…

ねえねえお母さん。
弟か妹がほしい!
産んでー!
ダメ。
えーっ
あっさり
(40代。)
(3人目。)
がっくり
赤ちゃんほしかったのにー。
かわいがるのに。
じゃ、しょーがない。
(女の子の特権!)
大きくなったら、自分で産もう。
10人くらいほしいなー。

夢は でっかい!!

## 赤ちゃんカワイイ

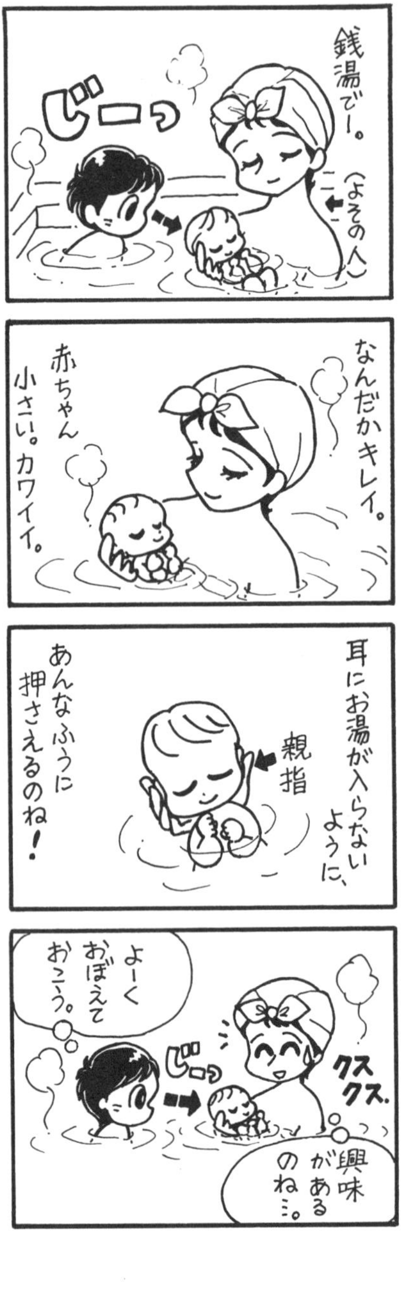

銭湯でー。
じーっ
(よその人)
なんだかキレイ。
赤ちゃん小さい。カワイイ。
耳にお湯が入らないように、
親指
あんなふうに押さえるのね!
よーくおぼえておこう。
じーっ
クスクス。
興味があるのね〜。

## 雷に打たれたように

ある日、テレビで偶然
小学生
新生児室を見た。
どんがらがっしゃーん
!!!
生まれたばかりの赤ちゃんが、親と別々の部屋に?!
なんてことに?!

## 赤ちゃんの気持ちは?

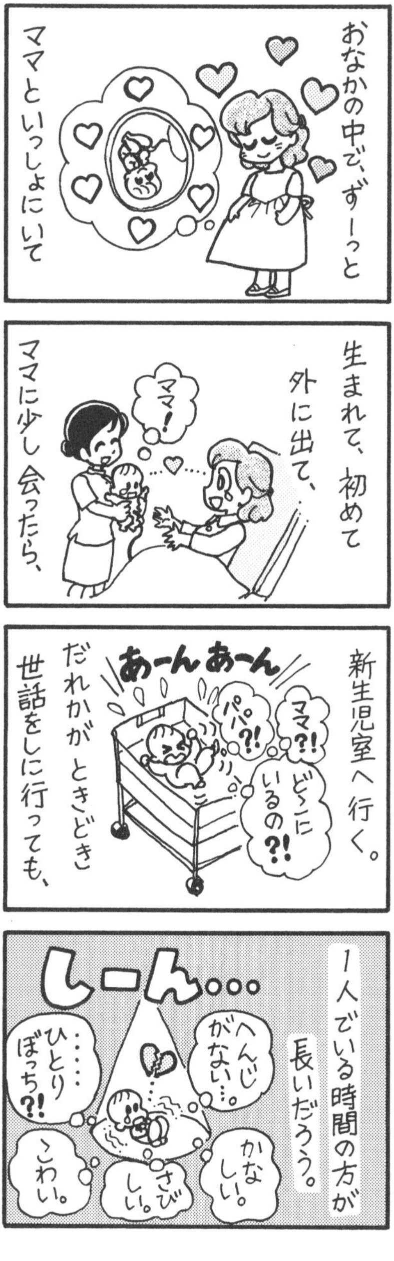

おなかの中で、ずーっと
ママといっしょにいて
生まれて、初めて外に出て、
ママに少し会ったら、
ママ!
新生児室へ行く。
だれかがときどき世話をしに行っても、
あーんあーん
ママ?!
パパ?!
どこにいるの?!
1人でいる時間の方が長いだろう。
しーん…
へんじがない…。
……ひとりぼっち?!
かなしい。
さびしい。
こわい。

## ママとぴったり

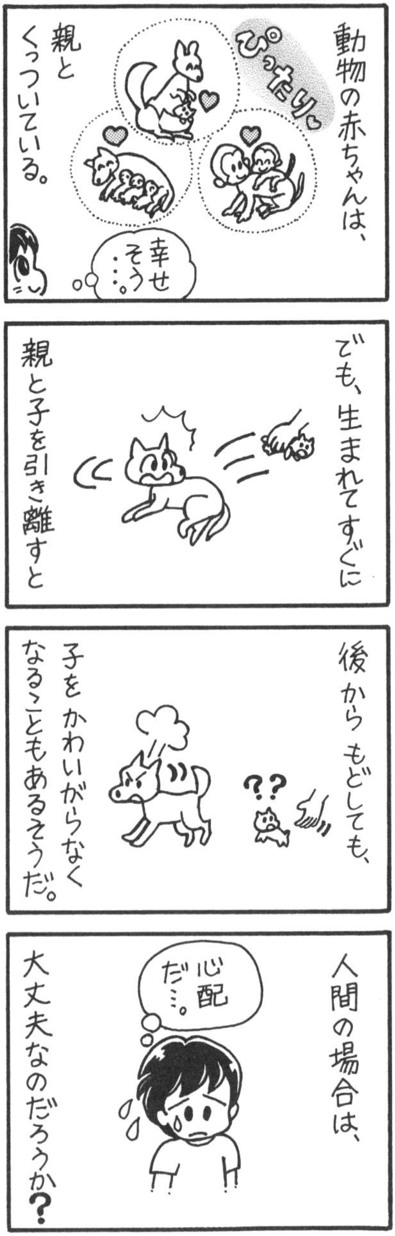
動物の赤ちゃんは、
ぴったり♡
親とくっついている。
幸せそう…。
でも、生まれてすぐに
親と子を引き離すと
後からもどしても、
子をかわいがらなくなることもあるそうだ。
人間の場合は、
心配だ…。
大丈夫なのだろうか?

## いっしょにいたい

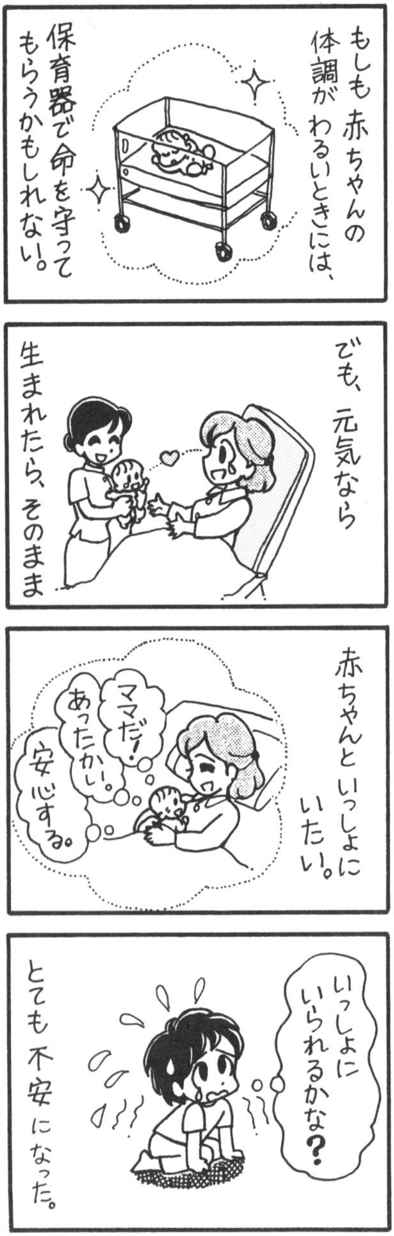
もしも赤ちゃんの体調がわるいときには、
保育器で命を守ってもらうかもしれない。
でも、元気なら
生まれたら、そのまま
赤ちゃんといっしょにいたい。
ママだ!
あったかい。
安心する。
いっしょにいられるかな?
とても不安になった。

# 姉の里帰り出産

## 姉の体験にびっくり

姉が、里帰り出産で
初めての赤ちゃんを産んだ。
ところが、赤ちゃんはなかなか母乳を吸えない。
はいっ。
もう1回っ。
?
(独身)
姉は何回もがんばった。
???
……あれ?
どうして?
あの、努力家で、スゴイ姉なのに?!
がーん


## どうして?どうして?

生まれたら、赤ちゃんは
自然に母乳を吸えると
思っていた。しかし!
姉はミルク育児になった。
(ミルク育ち。)
もちろん、ミルクでも育つけれど
できれば、母乳で育ててみたいなあ。
きっと何か、ヒミツのワケがあるのでは?
知りたい!
……そうだったのか!!
母乳の本
ヒミツを知った私は、
初めての子を母乳で育てることができた。
飲んでる…。
♪
ごくんごくん。

## 下の子は

そして姉も、次の子は
今度は余裕。
母乳の本
母乳で育てた。
上の子を産んだ病院では、
そういえば…
母乳の指導はなかったわ。
ミルクの指導はあったけど。
大丈夫?ミルクをあげたら?
(ミルク育児。)
あーん
実家でも、母乳のサポートは得られず。
上の子はミルク。下の子は母乳。
下の子のときは、サポートがあったから。
そういうママも、多いー。

## 遠いおっぱい

思い返してみるとー
ミルクを飲む姿は見たことがあるけれど
(TVとか…)
母乳を飲む姿は
見たことがなかった。
頼りのおばあちゃんは、ミルクが流行した世代。
ミルクなら
わかるのに…。
粉ミルク
母乳は、未知の世界。
現代の日本は、実は、
えーっ
そんなー。
困る…。
母乳の情報が少ない?!

# 粉ミルク世代の後に

## 母乳より粉ミルク?

1970年頃から、粉ミルクが流行した。
○○○ミルク
ミルク会社の人たちも、いっしょうけんめい宣伝した。
ミルクは栄養たっぷり。
ミルクはおしゃれ!
○○ミルクをよろしく!
試供品をプレゼント!
おっぱいやめて、
ミルクにしよう。
「母乳より、ミルクがよい」と思う人も、ふえたそうだ。
ミルク
母乳で育てる人は、
母乳、多し。
ミルク、多し。
ある時期、がくっとへった。

## おっぱいにしたかった…

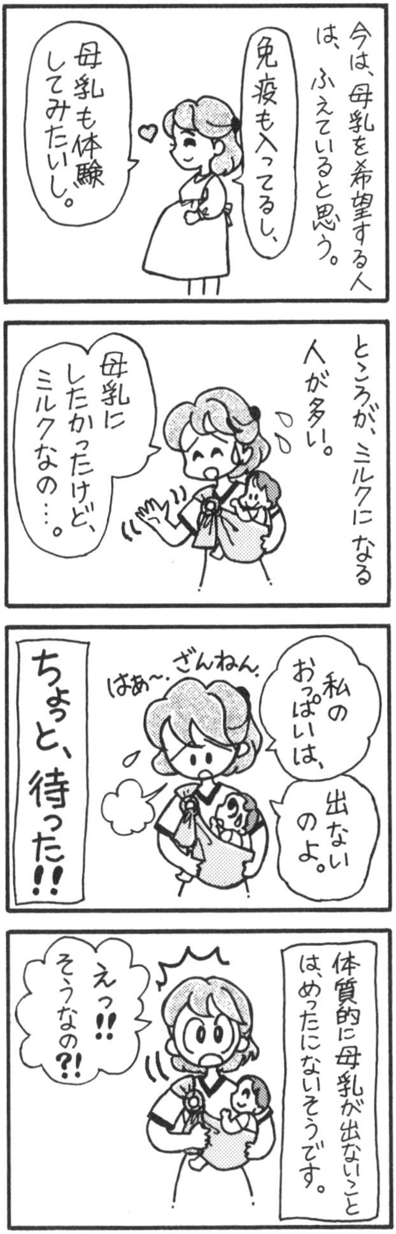
今は、母乳を希望する人は、ふえていると思う。
免疫も入ってるし、
母乳も体験してみたいし。
ところが、ミルクになる人が多い。
母乳にしたかったけど、ミルクなの…。
私のおっぱいは、
出ないのよ。
はぁ~。ざんねん。
ちょっと、待った!!
体質的に母乳が出ないことはめったにないそうです。
えっ!!
そうなの?!

## ないないづくし

赤ちゃんが
おっぱいを飲んでいる
ところを、見たことがない。
どうやって
吸うの
かな？
母乳育児の
体験談…。
聞いてない。
くわしい
やり方も
知らない。
病院でも、
母乳の
指導は
なかった。
赤ちゃんは
ほとんど
新生児室
にいたし。
教わってないのに、
できるわけがない。
実は、子育ては、
学ばないと わからない。

## 聞こう、探そう

経験者を探そう！
子ども２人、
おっぱいで育ててるわ。
母乳育児サークル等へ
行こう！
わいわい
妊娠中から行ってみよう。
母乳育児支援団体を
見つけよう。
日本母乳の会
ラ・レーチェ・リーグ
かながわ母乳の会
etc.
イベントや 資料、
情報がいっぱい。
母乳育児の本を
何冊か読もう。
この本もおすすめです。(笑)

Chapter. 02

# 実録!初めての母乳育児

4人4通りのお産

1人目のとき

出産のその夜

初めての授乳

おっぱいの仕組み

# 4人4通りのお産

## 親になれる?

子どもはほしいけど、
??
私に、育てられるかなあ?!
もし、ギャクタイしちゃったらどうしよう…
う〜ん
もっと、自分が人間として成長してから、
子どもを持ちたい。
えっ!!
夫
おまえ、そーんなこと言ってたら、
おばあさんになっちゃうだろー。
わっはっは
たしかに、そうかも…。
!!
子どもといっしょに、私も成長するぞ!!
よしっ!
決心

## 妊娠して

いい産院ってどこだろう?
どこへ行ったらいいのかな?
タウン電話
電話帳
近所の人に聞いてみた。
あのー…。
あらっ。
おめでた?
この辺だと、
そうね。
○○医院ね。
うん。
クチコミ
○○医院…。
行ってみよう。
(今はインターネットもあるし、調べやすいよね。)

## 初めての陣痛

出産のときの呼吸法を練習しよう。
「ヒ・ヒ・フー」?
「ハウ・フ」?
わからない!
お産
らくな
出産のコツ
妊娠5ヶ月
両親学級でお産のビデオを見たけれど、やっぱりわからない。
フー… フー…
妊娠9ヶ月
そして出産当日。
陣痛の波に合わせて、「ハウ、フ」と。
イタタタ.
わかった!!
リズムが♪.
呼吸法、1日でマスター。
間に合った…。
第一子、ぶじに生まれる…。

## 4通りの体験

1人目のときは、リクライニング式の分娩台で、立ててもらった。
もう少し、起こしてください。
ウィーン…
はい。
2人目は、ベッドで出産。
助産師
夫
私
3人目は、布団で。
助産師
上の子
夫
4人目は、水中出産。
(体温くらいのお湯の中)
フー!
助産師

## 分娩台から叫ぶ

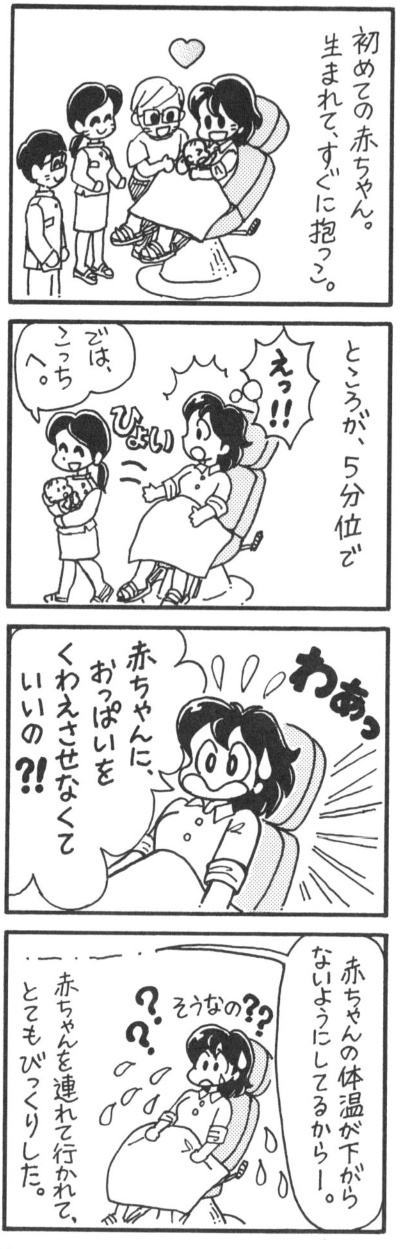

初めての赤ちゃん。生まれて、すぐに抱っこ。
ところが、5分位で
えっ!!
ひょい
では、こっちへ。
わあっ
赤ちゃんに、おっぱいをくわえさせなくていいの?!
赤ちゃんの体温が下がらないようにしてるからー。
そうなの??
赤ちゃんを連れて行かれて、とてもびっくりした。


## おっぱいより早く

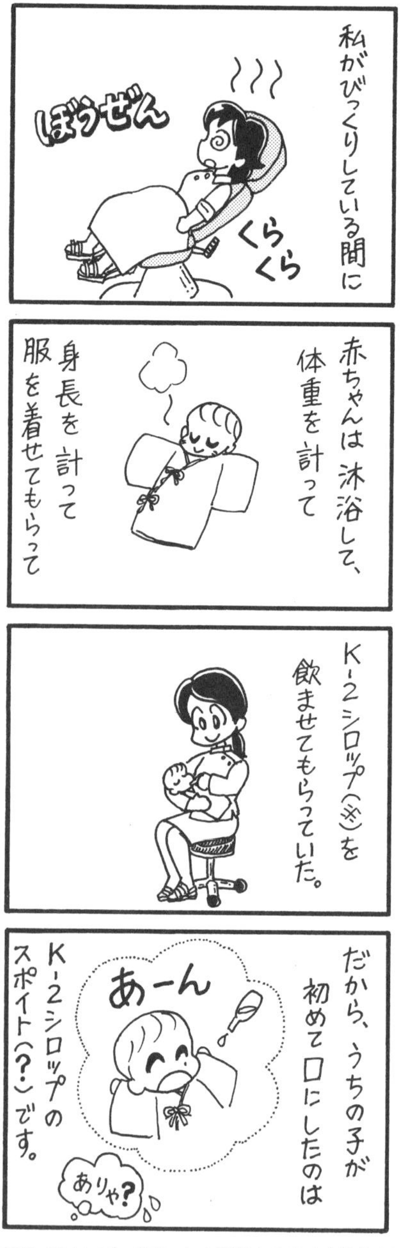

私がびっくりしている間に
ぼうぜん
くらくら
赤ちゃんは沐浴して、体重を計って
身長を計って服を着せてもらって
K-2シロップ(※)を飲ませてもらっていた。
だから、うちの子が初めて口にしたのは
K-2シロップのスポイト(?・)です。
あーん
ありゃ?


※K - 2シロップ　赤ちゃんの頭蓋内の出血を防ぐビタミン剤

## 一人合点？

そこは、当時は珍しかった
母子同室の産院で
よほどのことがなければ、
当院では、母乳を応援しています！
ミルクを飲ませない方針だった。
産院の待ち合い室に置いてある本に
初めての授乳は、お母さんのおっぱいを！
母乳の
ポイント
大切な
と書いてあったのだから
当然、産後すぐにおっぱいを吸わせてくれると思っていた。
私の一人合点？
甘かった…
「あなたまかせ」だったな…
自分から言えばよかった？

## 声をあげよう

お産のとき、どうしたいか？
妊娠中に
希望を書いて
医師や助産師、看護師に渡せばよかったなあ。
お願いします。
はい。
言葉にして、話せばよかった。
生まれてすぐに、おっぱいを吸わせたいです。
わかりました。
お母さんたちのリクエストが
こういう希望、ふえたなあ。
そうですねえ。
産院に届くといいなあ。

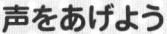

## どうしたら吸える

よいしょ。
おっぱいだよ。
←夫
自分たちで、何回もやってみた。
くわえてくれない。
??
どうしよう?
鈴木さーん。
はーい。
コンコン
助産師さん登場!!
さっき、「おっぱいをくわえさせたい」って言ってたよね!
ガチャッ

## サポートしてもらって

私が叫んだのを覚えてて、
来てくれたんだ!!
すごくうれしかった。
お手伝いします!
はい!
ぱくっ
ついに成功!!
さすが、助産師さん!

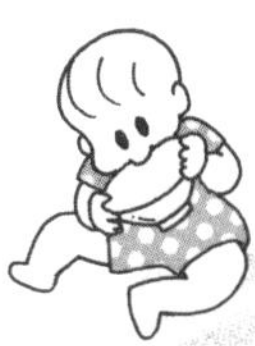

# 出産のその夜

## 赤ちゃんをどこへ?

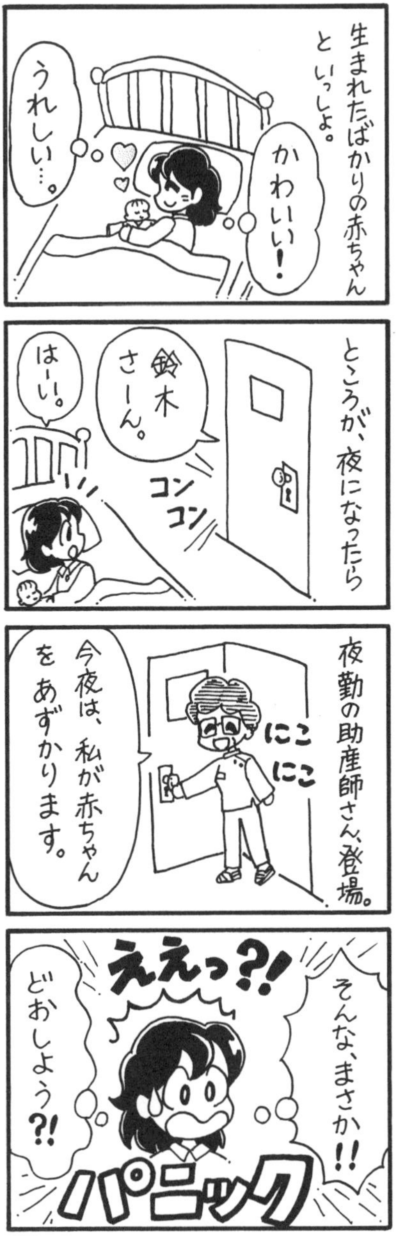


## 押し問答

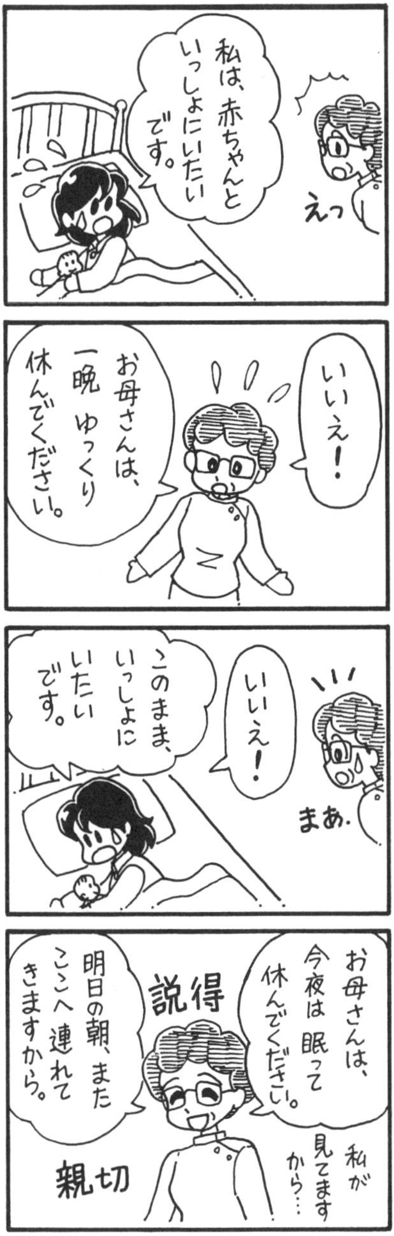

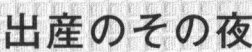

## 心ゆれて

たしかに、非常にくたびれていた。
うーん
助産師さんがあんなに言うし、
ぐらぐら
休んだ方がいいのか?
赤ちゃんをひとりぼっちにするのは ぜったいにいやだけど
ぽつん…
その産院は、赤ちゃんをあずかるときは、和室で
助産師さんがいっしょに並んで寝ると聞いていた。

## 助産師さんといっしょなら…

助産師さんといっしょなら、いいかなあ?
親切な助産師さんだし…。
うーん
本当はいっしょにいたい。
離れたくない。
でも、今夜の私は
ぐったり
おむつを替えることもできないかも…。
わかりました。
よろしくお願いします。
ホッ

## 連れて行かないで

では、おあずかりしますね。
はい。
ふにゃあ!
赤ちゃんは、一声、泣いた。抗議するかのように。
あっ!
大丈夫よ!!
明日の朝、また会えるからね!!
……
とっさに、声をかけるのがせいいっぱいだった。
パタン…

## 後悔でいっぱい

やっぱり、赤ちゃんも離れたくなかったんだ。
わかって、泣いたんだ。
もっと何回も、私が
「いっしょにいたい!」と言えばよかった。
でも、私が決めたことだ。
迷ったけど、
私が、「お願いします」と言ったのだから…。
今夜は、決めた通りに体を休めよう。
—ところが、さびしくてほとんど眠れなかった。

## ずっといっしょ

翌朝、赤ちゃんがもどってきた。
はい。
それからは 入院中、昼も夜もいっしょだった。
1日中 見てても、あきない…。
大人用ベッド
赤ちゃん用ベッド
赤ちゃんが落ちないように、大人用ベッドの壁側に寝かせていた。
いっしょにいたら、1週間で、
この泣き方は
おむつがぬれたのね。
赤ちゃんの泣き方を見分けられるように…。

## もう迷わない

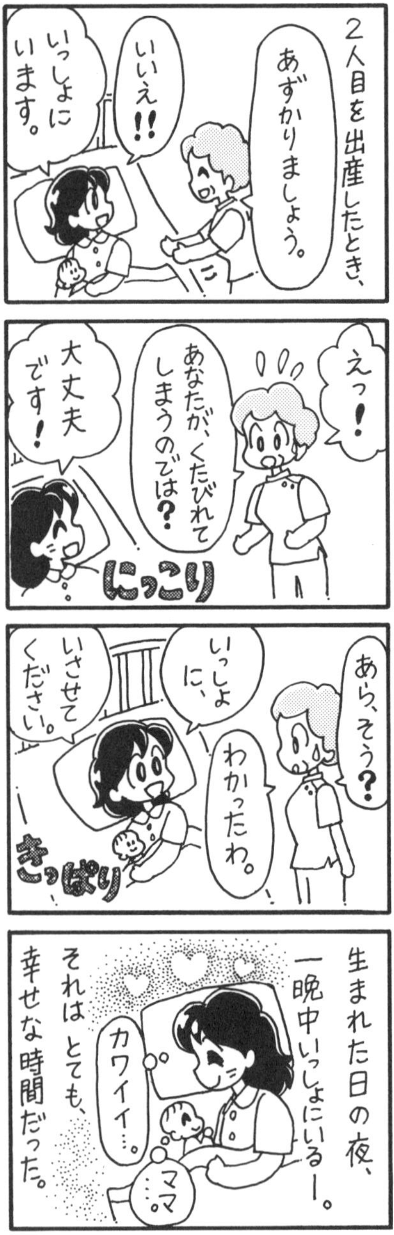
2人目を出産したとき、
あずかりましょう。
いいえ!!
いっしょにいます。
えっ!
あなたが、くたびれてしまうのでは?
大丈夫です!
にっこり
あら、そう?
いっしょに、
いさせてください。
わかったわ。
きっぱり
生まれた日の夜、一晩中いっしょにいるー。
カワイイ…。
ママ…。
それは とても、幸せな時間だった。

# 初めての授乳

## おっぱいを探せ

赤ちゃんは、1日に何回か
目をさます。
そして、おっぱいを
アッ。
アッ。
探す しぐさをする。
いっしょうけんめい
アッ。
アッ。
ママのにおい…。
首を動かして、探す。
全身をゆらして、
アッ。
カワイイ…。
近づこうとする。

## ホントに出るかな?

出産の翌日。
何回も授乳するけど、
母乳はまだ出てこない。
そのうち、出てくるはず…。
でも、ホントに出るのかな…?
不安
そこへ、
こんにちは〜。
同じく入院中の、
おめでと〜!!
先輩ママが登場!

## ママからママへ

無事に生まれて、よかったね～。
私は、4日前。
私は、5日前に生まれたのー。
母乳は、私は産後3日目に出てきたよ。
私はー、
4日目だったわ。
きっと大丈夫よー。
わいわい
先輩ママたちからの励ましには、
とても力づけられた。
## そして3日目に…

母乳が少ししか出なくても、
毎日、何回も吸わせた。
そして、3日目の昼頃。
真剣なまなざし。
赤ちゃんの表情が変わった。
!
?
ちゅう
ちゅう

## わぁ、出てる

この表情。
もしかして、母乳が出てる？
しばらくたってー。
あっ。
おっぱいを離した…。
ぷはー。
…って、
あっ!!
ぽたぽた
本当に出てる!!
体から、母乳が。

## 真夜中にびっくり

そして3日目の夜中。
飲んでる…。
ごくんごくん
あっ。
飲みおわった？
ぷはー
まんぷく。
母乳がまだ出てる…。
すやすや
タオル
タオルをはずしたら、
水道のように出ていた。
うそー!!
じゃー

## おっぱいが張る

どうしよう？
止まらない。
オロオロ
ウロウロ
おっぱいが固い？
固くふくらんで痛い。
はちきれそう！
真夜中だけど…。
助産師さん、助けて。
SOS!
ナースコール
おっぱいがはってきたのね。
軽く冷やしましょう。
冷たいタオル

## シンプルな手当

余った母乳をしぼると、
また 母乳が わいて、はってきちゃうからね。
アイスノンだと冷たすぎるから、
冷やしたタオルがいいのよ。
そうなのか…。
どうなることかと思ったけれど、
その後も何回か授乳しているうちに
次の日には、おっぱいは
よかった。
もう、痛くない。
落ち着いていた。

## きゅーん、ぐわーん

赤ちゃんがおっぱいを
吸うと、
あむ あむ
もぐもぐ
その合図がママに伝わり、
「じ〜ん」ときます。
じ〜ん…
そして、胸の奥から
呼ばれてこたえるように
・・・。
きゅ〜ん…
「ぐわ〜ん」と母乳が
わき出してくるのです。
わいてきた…。
ごくん ごくん
ぐわ〜ん…

## おっぱいスッキリ

わいてきた母乳を
赤ちゃんが飲むと
ごくん ごくん
おっぱいの中から
母乳が吸い出されて、
スッキリします。
すっきり
気持ちいいー。
さっぱりした。さわやかー。
赤ちゃんは満足。
ママは すっきり。
まんぷく。

## さらにママからママへ

私の後にお産した人に
会いに行った。
おめでとう！
私は、明日、退院なの。
ねてていいよ
母乳は、3日目に出たよ。
ママ同士で励まし合える
ことが、とてもうれしかった。

## 授乳の実感

「自分の体から、母乳が出る。」
びっくり
それは驚きで、ショーゲキだった。
…こんな仕組みが体にあったんだ…。
おお…
生まれて初めて使う、体の仕組みだー。
ごくんごくん
なんだか、体全体が充実した感じがする。
満ちてくる…
飲みおわった赤ちゃんも、
満ち足りた…
充実した感じがする。
しあわせ〜…

Chapter. 03

# おっぱいの 7つのヒミツ

# その1　3日分のお弁当

## お弁当持参?

なんと!!
生まれるときに、赤ちゃんは
アー!!
「3日分のお弁当と水筒を持って生まれてくる。」
と、言われています。
まさか、こんなふうに?!
ママ!
安心してね。
持ってきたよ。
…では、ありませんが
体に3日分の栄養分と
水分をたくわえて、
3日くらいは
飲まなくても
生きられるよ。
生まれてくるのです。

すっごーい。

## 待っててね

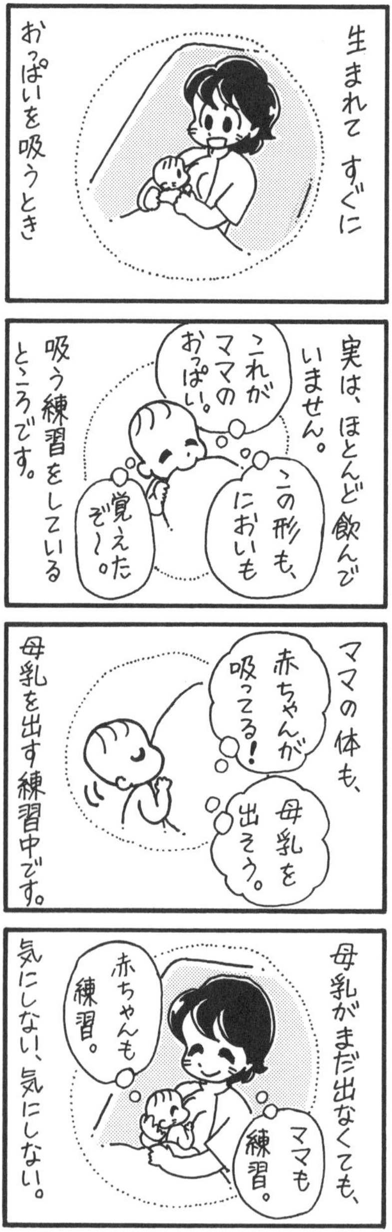
生まれて　すぐに
おっぱいを吸うとき
実は、ほとんど飲んで
いません。
これがママのおっぱい。
この形も、においも
覚えたぞ〜。
吸う練習をしている
ところです。
ママの体も、
赤ちゃんが吸ってる!
母乳を出そう。
母乳を出す練習中です。
母乳がまだ出なくても、
ママも練習。
赤ちゃんも練習。
気にしない、気にしない。

## 赤ちゃんがリード

生まれて すぐから、
ほえぇえん
ハーイ。
赤ちゃんが 呼ぶたびに
ママのおっぱいを
ちゅく ちゅく
吸ってもらうと
産後2〜5日目頃に
本格的に
母乳が出てくるのです。
ママは感動。
ホントに 出た…。
飲めた!
ごくん… ごくん…
赤ちゃんも大喜び。

## 満ちるまで

毎日、何回も吸ってもらう。
飲みたいよ〜。
飲みたいの?
それが、合図となって
ママの体が、動き出す。
母乳を、作ろう。
よいしょ、よいしょ
準備中。
しばらくお待ちください。
すぐ飲めないと わかっているから
「お弁当」と「水筒」を 持ってくるんだよー。
自然の知恵!
ママのおっぱいが出る まで、待てるように。

## 体重がへっても

生まれてから数日間、
赤ちゃんは体重がへります。
体内にたくわえてきた
「お弁当」と「水筒」の分が、
少しずつへるのです。
この子は、3キロしかないのに？
へるなんて！
ドキドキ
赤ちゃんの体重がへるなんて、ドキドキしますが…。
私は、60キロあるけど。
私は、へってもいいけれど。

## いったんへって、またふえて

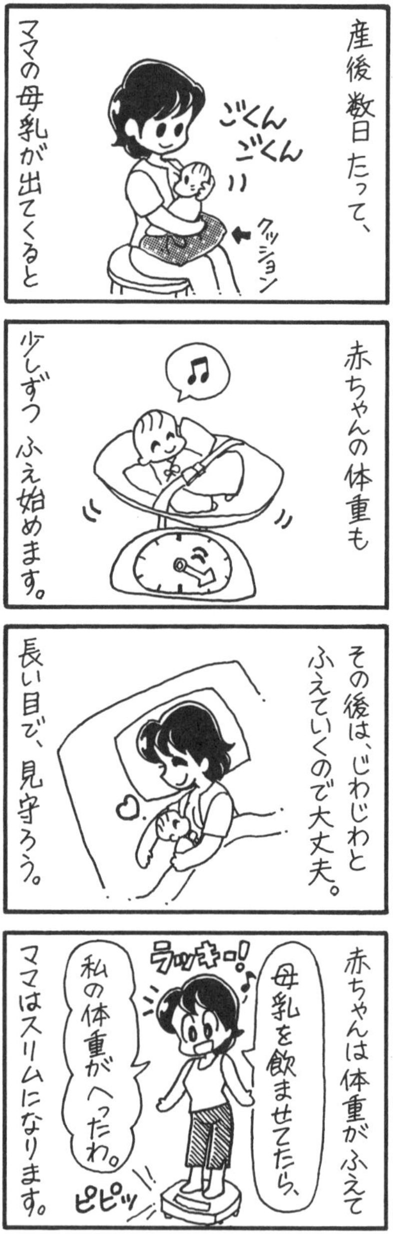
産後数日たって、
ママの母乳が出てくると
ごくんごくん
クッション
赤ちゃんの体重も
少しずつふえ始めます。
その後は、じわじわとふえていくので大丈夫。
長い目で、見守ろう。
赤ちゃんは体重がふえて
母乳を飲ませてたら、
ラッキー！
私の体重がへったわ。
ピピッ
ママはスリムになります。

# その2　赤ちゃんの吸う力

## ビー玉からスタート

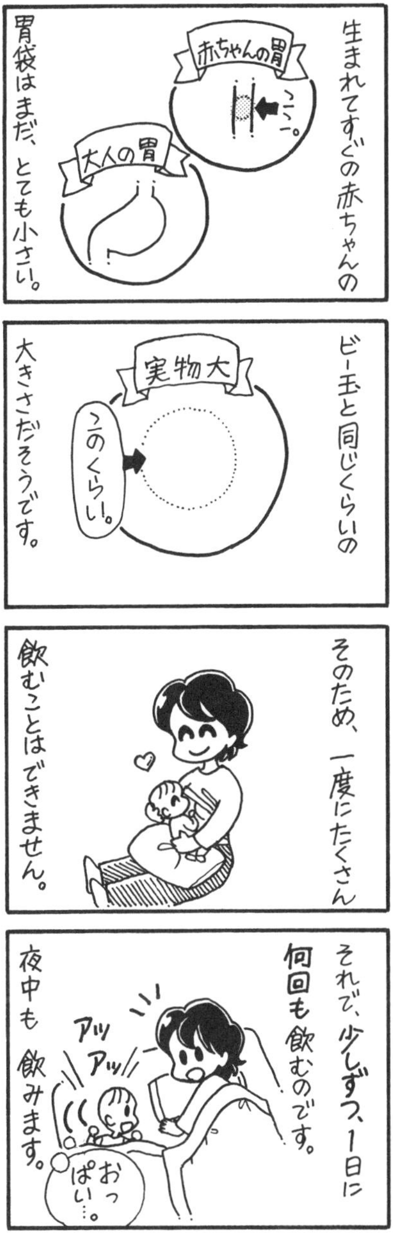

生まれてすぐの赤ちゃんの
赤ちゃんの胃
ここ。
大人の胃
胃袋はまだ、とても小さい。
ビー玉と同じくらいの
実物大
このくらい。
大きさだそうです。
そのため、一度にたくさん
飲むことはできません。
それで、少しずつ、1日に
何回も飲むのです。
アッ
アッ
おっぱい…。
夜中も飲みます。


## 赤ちゃん仕様です

母乳は、天然もの。
天然自然のものなので
赤ちゃんの胃腸に
まんぞく
おなかいっぱい。
とてもやさしい。
そのため、消化と吸収が
あれっ。
もう、おなかからっぽ？
抜群によくて、すぐに
おなかがすくことも。
あーん
あーん
おっぱい…。
また？
あっぱれ　天然もの。

## 吸って、休んで

がんばって吸う赤ちゃん。
よいしょ よいしょ
くたびれるのかな？
ママの抱っこが心地いいのかな？
ちょっと休憩…。
休むこともあります。
少し休むと、また
さっきの続き。
飲みたがったりします。
がんばって吸って体が育つ。
抱っこで安心、心が育つ。
ママ、ありがとう!!
とても大切な時間です。

## 吸われるほど

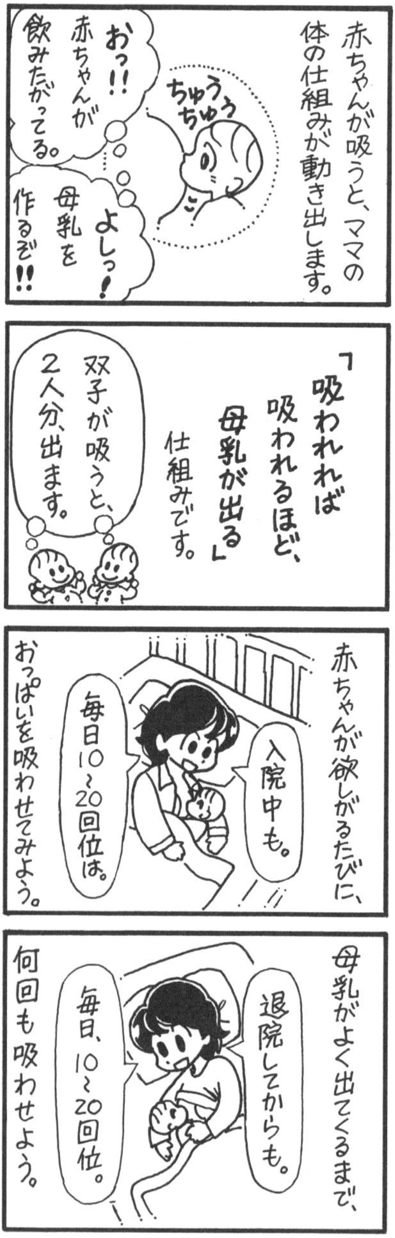
赤ちゃんが吸うと、ママの体の仕組みが動き出します。
ちゅうちゅう
おっ!! 赤ちゃんが飲みたがってる。
よしっ! 母乳を作るぞ!!
「吸われれば吸われるほど、母乳が出る」
仕組みです。
双子が吸うと、2人分、出ます。
赤ちゃんが欲しがるたびに、
入院中も。
毎日10~20回位は。
おっぱいを吸わせてみよう。
母乳がよく出てくるまで、
退院してからも。
毎日、10~20回位。
何回も吸わせよう。

## その3 ファースト授乳を大切に

### あこがれます

赤ちゃんをすぐに・・・
ホギャー
生まれた!
やったー!!
ママの胸で抱っこします。
どうぞ!
そーっ
カワイイ!!
この子、おっぱい吸った!
生きようとしてる!!
ぱくっ
感動
親も子も、見守る人も「幸せ」を感じる瞬間です。
よかった…。
育てられそう…。

### でも、現実は…

赤ちゃんをすぐに
ホギャー
生まれた!
やったー!!
・・・見せてもらいます。
ハイ。
カワイイ!!
赤ちゃんは沐浴等をして、
くるっ
ゆっくり休んでくださいね。
あっ…。
だっこは?
そのまま、新生児室へ。
次の日。
赤ちゃんにミルクを飲ませておきましたよ。♪
えっ!!
もう?
先に、ほ乳ビンを吸ってしまっていたりします。

## ほ乳ビンがおっぱい?

赤ちゃんが生まれて初めて吸うのは、何かな?
あ〜ん
♪
ママのおっぱい!だといいな。
ぱくっ
これがおっぱいの形。
覚えたぞ!
最初が、ほ乳ビンだと…
ぱくっ
これがおっぱいの形?
覚えたぞ!
ママのおっぱいの吸い方がわからなくなります。
最初のとちがう!!
どうやって吸えばいいの?!

## 初めてはどっちかな

そのまま、ミルクになることもあります。
ほ乳ビンがいいの。
この子、ミルクに慣れてるし。
ママのおっぱいを覚えてね。
そうそう。
?
母乳を吸わせる練習をする人もいます。
そして、母乳を吸えるようになる子もいます。
ふう〜…
2ヶ月かかった…。
♪
おっぱい、上手に吸えるよ!
赤ちゃんが初めて吸うのが、ママのおっぱいだと、ずっとラクです。
母乳ってカンタン?!
♪
ごくんごくん。

## おっぱいとのちがい

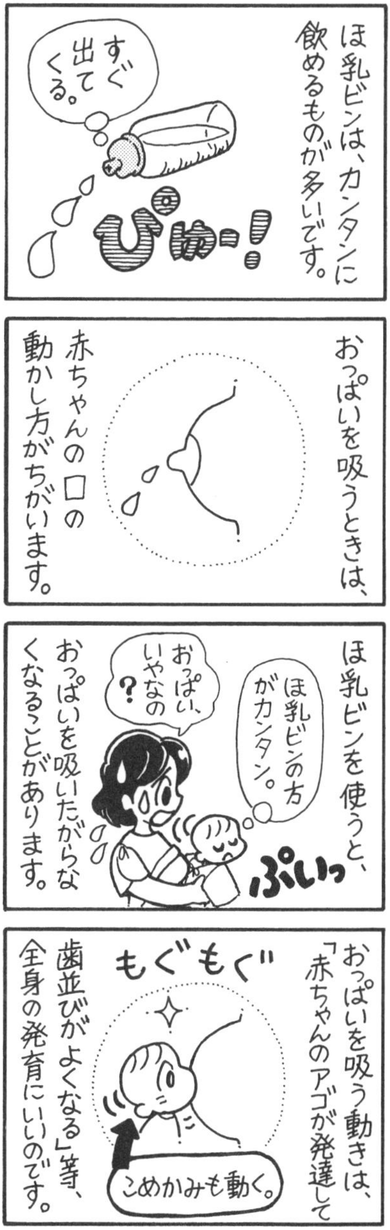

ほ乳ビンは、カンタンに飲めるものが多いです。
すぐ出てくる。
ぴゅー!
おっぱいを吸うときは、赤ちゃんの口の動かし方がちがいます。
ほ乳ビンを使うと、
ほ乳ビンの方がカンタン。
おっぱい、いやなの
?
おっぱいを吸いたがらなくなることがあります。
ぷいっ
おっぱいを吸う動きは、「赤ちゃんのアゴが発達して歯並びがよくなる」等、全身の発育にいいのです。
もぐもぐ
こめかみも動く。


## 道具も選べるよ

ほ乳ビンは、できるだけ使わない方がいいと思います。
とくに、最初の頃は。
スプーンを使う方法や
少しずつ。
あーん。
あごにタオルを当てる
コップを使う方法もあります。
そうそう。上手よ。
赤ちゃんに吸わせる。(流しこまない。)
「ソフトカップ」という
こぼれにくくて、便利!
スプーンの形。
道具もおすすめです。

## その4　母乳スイッチ

### 口をすぼめないでね

おっぱいを飲むときは
口の形が、大切です。
口をラッパのように
外側に、大きく開きます。
上くちびるも、
下くちびるも
外側に向いているか？
確かめてから、授乳しよう。

### ママが手伝って

赤ちゃんが、口を
あーん
大きく開いたときに、
おっぱいを 付け根から
手の平で
そっと 持ち上げて
ママが、赤ちゃんの口に
奥まで深く、入れます。
お口の中で、
こんな感じです。

## おっぱいの「輪」

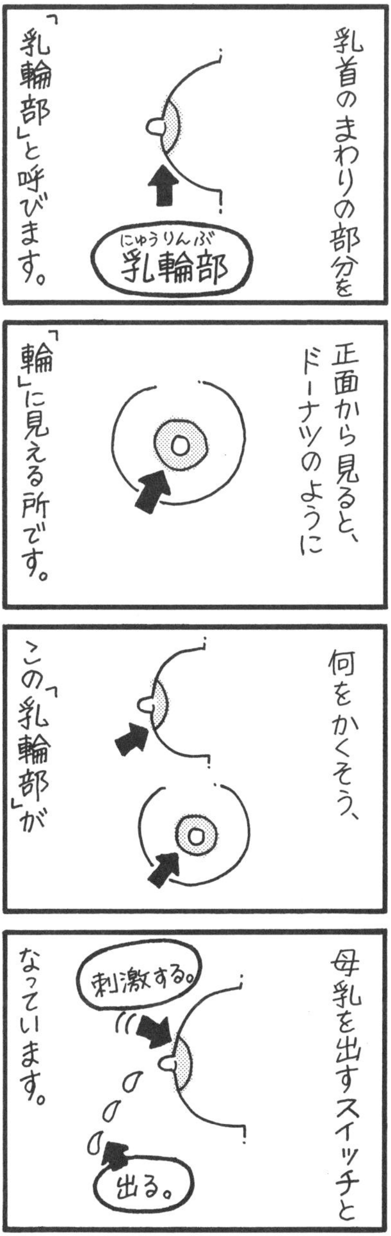
乳首のまわりの部分を
「乳輪部」と呼びます。
乳輪部《にゅうりんぶ》
正面から見ると、ドーナツのように
「輪」に見える所です。
何をかくそう、
この「乳輪部」が
母乳を出すスイッチと
なっています。
刺激する。
出る。

## スイッチ・オン

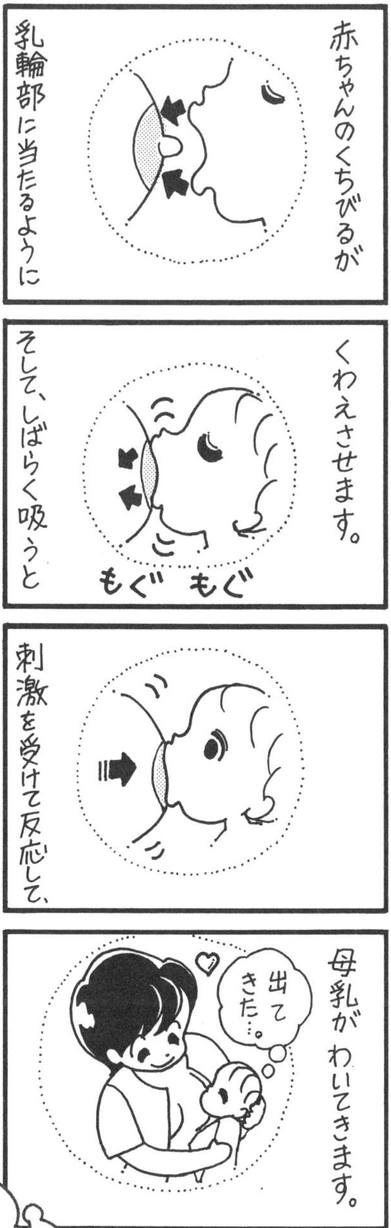
赤ちゃんのくちびるが
乳輪部に当たるように
くわえさせます。
そして、しばらく吸うと
もぐ もぐ
刺激を受けて反応して、
母乳が わいてきます。
出て きた…。

## スイッチはどこ

乳首だけを吸わせるのは
やめましょう。
乳首
「吸ったら母乳が出る」スイッチは、
乳首ではないからです。
出ない…？
しかも、乳首だけを吸うと、力が入って
乳首に傷ができてしまいます。
お母さん、ピンチ！
痛ーい。
ヒリヒリ

## やさしく、そっと

もしも、赤ちゃんが
乳首をくわえてしまったら
ぱくっ
落ち着いて、やさしく
赤ちゃんの口に、横から
はい。
指を一本入れて、
横に口を少し広げて、
？
ちょっと、ゴメンねー。
ゆっくりそっと、はずします。
こーうすると、
乳首を傷めずにはずすことができます。

# その5　おっぱいの「底」のこと

## トップだけじゃない

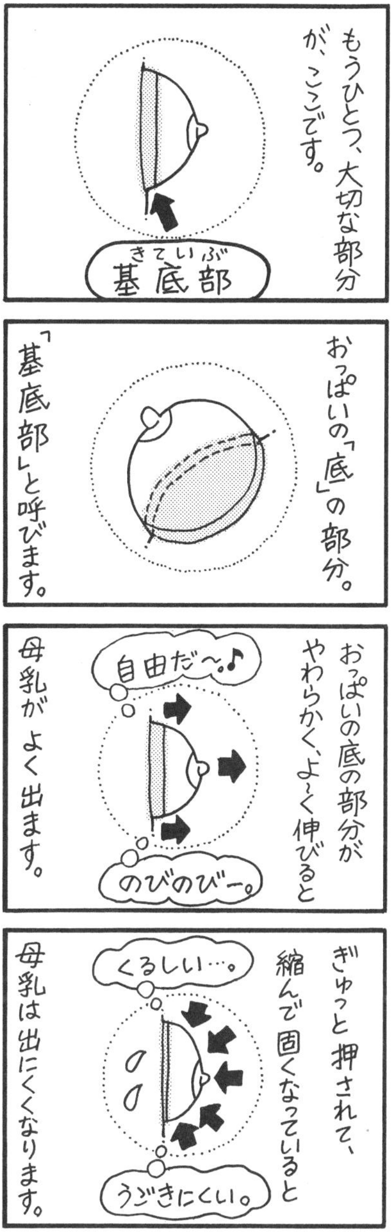
もうひとつ、大切な部分が、ここです。
基底部《きていぶ》
おっぱいの「底」の部分。
「基底部」と呼びます。
おっぱいの底の部分がやわらかく、よ～く伸びると
自由だ～。♪
のびのびー。
母乳がよく出ます。
ぎゅっと押されて、縮んで固くなっていると
くるしい…。
うごきにくい。
母乳は出にくくなります。

## ゆらしてやわらかく

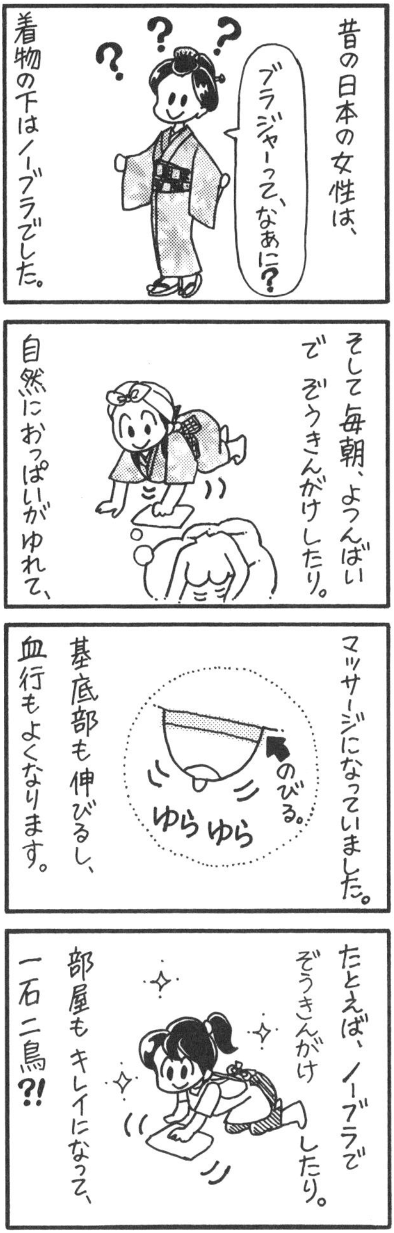
昔の日本の女性は、
ブラジャーって、なあに？
着物の下はノーブラでした。
そして毎朝、よつんばいで ぞうきんがけしたり。
自然におっぱいがゆれて、
マッサージになっていました。
のびる。
ゆら ゆら
基底部も伸びるし、
血行もよくなります。
たとえば、ノーブラで ぞうきんがけ したり。
部屋もキレイになって、
一石二鳥?!

## 包んで押して

おっぱいの真横を
反対側の手の平で
やさしく包みます。
守るように。
おっぱい側の手の平も
かさねて添えて、
そっと3回位、押します。
1、2、3
つぶさないように。
ななめ下からも
そっと押します。
1、2、3
基底部をはがすつもりで。
真下からも押します。
1、2、3
持ち上げるように。
これで、ぞうきんがけ
しなくても大丈夫?!


私は、産後にこのマッサージをしてました。

## 下着にご用心

「今日はキメるぞ!」という
ときはメイクアップブラジャーも
よいかと思いますが
寄せて
上げて
ギュッ!と
実は、きつい下着は体を
圧迫している。
ワイヤー
ボーン
ガードル
しめつけています。
血液やリンパ液の流れ
を防げて、全身の
健康によくないです。
えーっ
ぎゅーっ
ぎゅーっ
いろいろなつらい症状の、
頭痛
冷え症
肩こり
生理痛
腰痛
つかれやすい
原因のひとつとなります。

## おっぱいものびのび

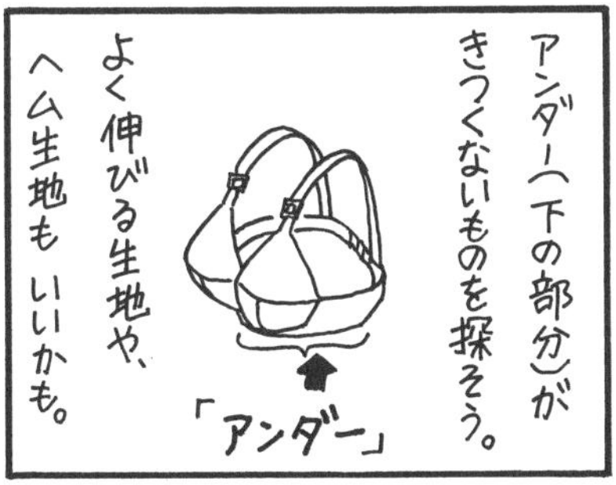

アンダー（下の部分）が
きつくないものを探そう。
よく伸びる生地や、
ヘム生地も いいかも。
「アンダー」


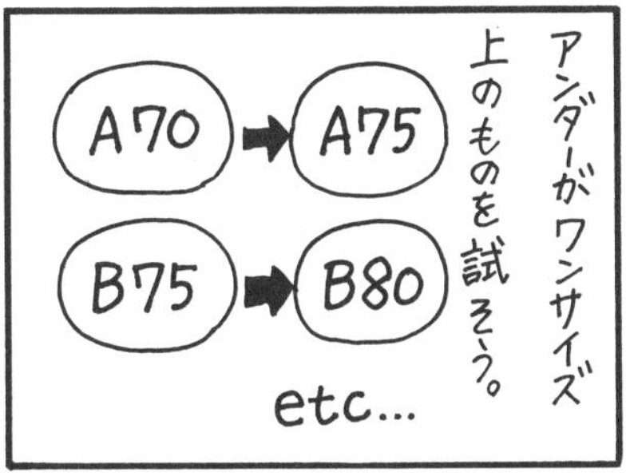

アンダーがワンサイズ
上のものを試そう。
A70
A75
B75
B80
etc…


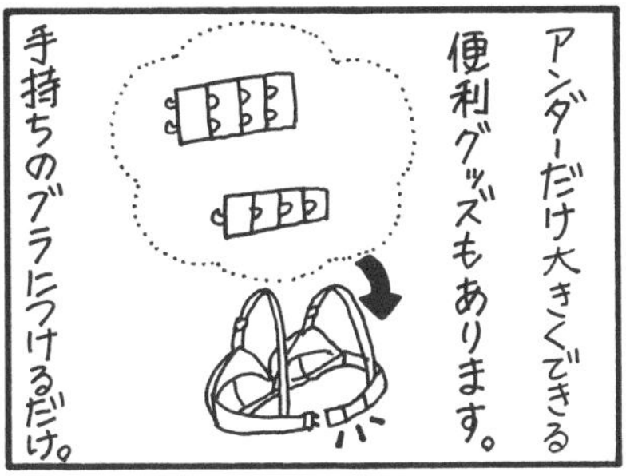

アンダーだけ大きくできる
便利グッズもあります。
手持ちのブラにつけるだけ。


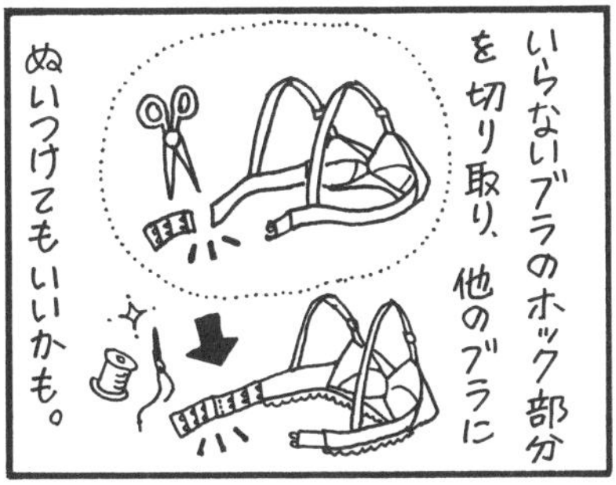

いらないブラのホック部分
を切り取り、他のブラに
ぬいつけてもいいかも。


## 呼吸をラクに

ふだんは、しめつけない
下着を選ぼう。
ワイヤーなしがおススメ。
ホッ
ゆったり

産後は、乳帯もおススメ。
洗い替えに便利！
綿100%
安価
乾きやすい

服も、ゆったりしたもの
にしてみよう。
体、のびのび♪
ふわっ…

10代の頃から、眠るときには
ブラジャーをはずそう。
安眠にも よいです。
ぐっすり…
呼吸がラク…。


便利グッズは手芸用品店などで売っています。

# その6　小さくても大きくても

## ふにゃふにゃでOK!

産後　1ヶ月頃
わっ!
おっぱいが はってきた。
ぐーん
ぱんぱん
産後3ヶ月〜6ヶ月頃
さいきん、おっぱいが はらなくなった…。
もう、出なくなるの?
心配しなくても大丈夫!
「赤ちゃんが飲む量」と「母乳が出る量」のバランスが合ってきたのです。
ぴったり。
ふだんは ふにゃふにゃで やわらかい。
赤ちゃんが吸うと、はってくる。
これが、ちょうどよい おっぱいです。


## わき水のように

赤ちゃんが吸うと、
ちゅうちゅう
!
その合図を受け取って、
ママの体の中で、毎回、
(今、作っている)
しーん…
(待っているところ。)
新しい母乳が作られます。
やがて、母乳が わいてきます。
ごくん ごくん。
新鮮!
できたて!
適温!
赤ちゃんが吸う前から、おっぱいに母乳が
ふだんは
カラッポでOK!
ためてあるわけではないのです。

## 小さくてもふくらむ

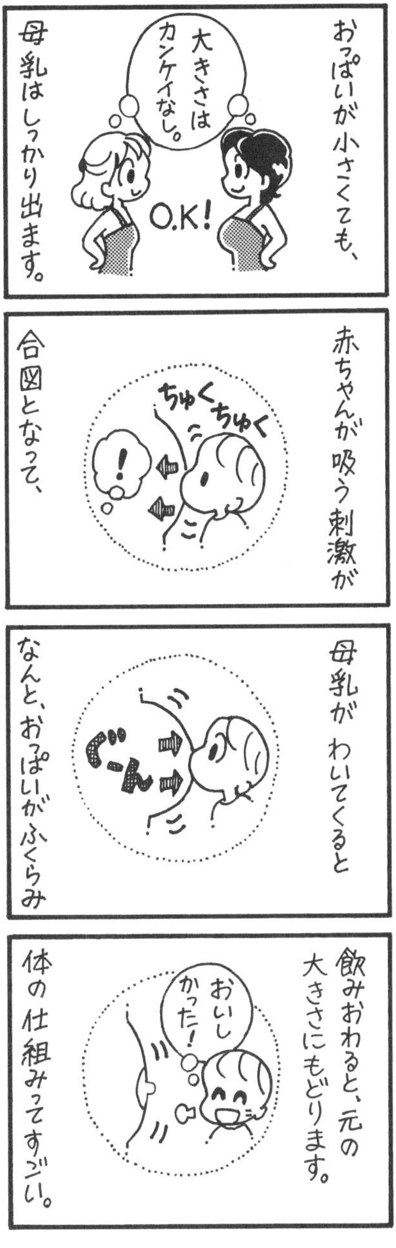
おっぱいが小さくても、
母乳はしっかり出ます。
大きさはカンケイなし。
O.K!
赤ちゃんが吸う刺激が
合図となって、
ちゅくちゅく
!
母乳が わいてくると
なんと、おっぱいがふくらみ
ぐーん
飲みおわると、元の
大きさにもどります。
おいしかった!
体の仕組みってすごい。

## 大きい人は持ち上げて

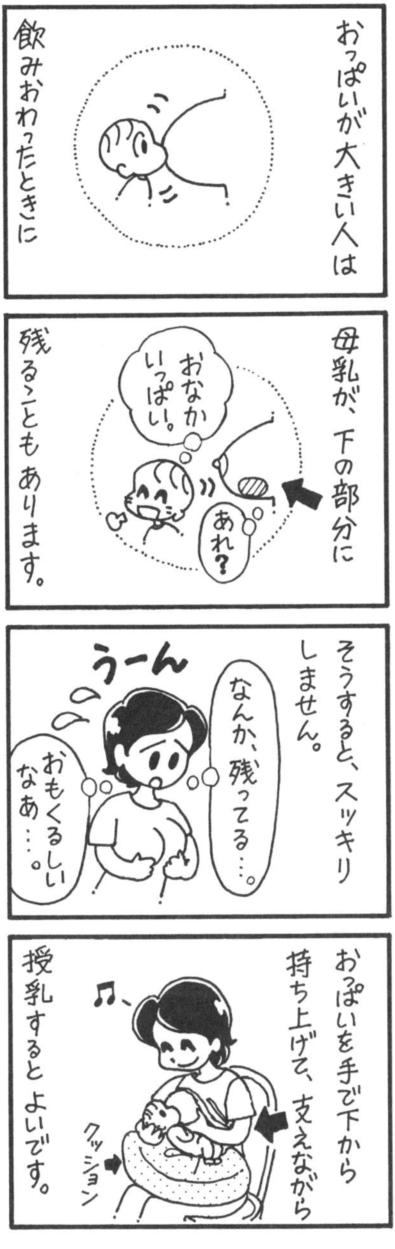
おっぱいが大きい人は
飲みおわったときに
母乳が、下の部分に
残ることもあります。
おなかいっぱい。
あれ?
そうすると、スッキリ
しません。
うーん
なんか、残ってる…。
おもくるしいなあ…。
おっぱいを手で下から
持ち上げて、支えながら
授乳するとよいです。
クッション

## かたちは気にしなくても

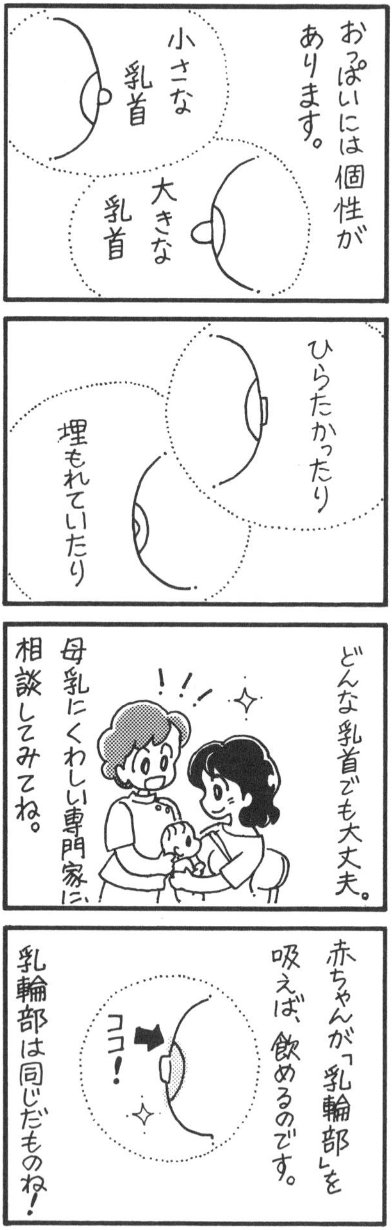

おっぱいには個性があります。
小さな乳首
大きな乳首
ひらたかったり
埋もれていたり
どんな乳首でも大丈夫。
!!!
母乳にくわしい専門家に相談してみてね。
赤ちゃんが「乳輪部」を吸えば、飲めるのです。
ココ!
乳輪部は同じだものね!


## 乳首が埋もれていたら

そっとひっぱってみてもいいかも。
妊娠初期はひっぱらないでね。
痛いときは、ムリしないでね。
乳首を外に出すカバーも市販されています。
ブラジャーのカップも、ゆったりサイズにしよう。
おさえこまない。
赤ちゃんに、毎日何回もよく吸ってもらおう。
よいしょ。
これがいちばん、効果があります。

# その7　ママの食事から

## 母乳製造のヒミツ

母乳は、ママの体の中で
作られます。
なんと、ママの血液から
作られるそうです。
母乳は、「白い血液」
とも呼ばれています。
ママが食べたものや
飲んだものが
ぱくぱく
ごっくん
ママの胃腸で消化され、
吸収されて
血液へ
母乳へ
母乳の材料となります。

## ママの食べたものが

たとえばママがケーキを
食べると、
生クリーム
おさとう
バター
ケーキの成分が入った
母乳が出てくるような
気がします。
生まれてすぐの赤ちゃん
には、
おなかに
もたれる
なあ…。
ゲプー
ちょっとコッテリしてるかも。
敏感な子は、湿疹が
まだ、消化力が
弱いから。
もう少し大きくなったら、
大丈夫だと思うけど。
ドンマイ！
出ることもあります。

## 作られすぎても

ママがこってりしたものや甘いものをたくさん食べると
高カロリー
ステーキ
ケーキ
牛乳
あげもの
アイス
ジュース
母乳の成分がこってりしたものになり
産後3日目くらいに
たっぷり
とろとろ…
母乳が作られすぎて
おっぱいが固くはれます。
い、痛い！
ズキズキ
しかも、赤ちゃんにとっても
吸いにくくなって大変です。
かちんこちん〜☆
か、固い…。
うまく吸えないよ〜。

## おすすめは和食

出産後7日間は、とくに
あっさりした食事がおすすめです。
ごはん
にもの
かんてん
みそしる
あえもの
お茶
母乳の成分があっさりしたものになり
あっさり
さらさら…
おっぱいが痛くなることがなくて
ママも楽です。
赤ちゃんも吸いやすくて
授乳もスムーズです。
ふわ…
やわらかくて
吸いやすい。

## 赤ちゃんの消化力

私、卒乳するまで
えーっ
ケーキは食べられないの？
そんなことはないです。
赤ちゃんの胃腸が、
♪
だんだん成長して
赤ちゃんの消化する力が
育っていくにつれて、
ママがこってりしたものをときどき食べても
おいしい。♡
大丈夫になっていきます。

## ママの消化力

ママの消化力も
Aさん
こってりしたものを食べても、大丈夫。
人によってちがいます。
Bさん
私は、あっさりしたメニューじゃないと
おっぱいの調子がわるくなるみたい。
ママの体調によっても
疲れがたまったときに
ごちそうを食べたら、乳腺炎になっちゃった。
ちがってきます。
食べ方によっても
よ～くかんで食べたら、
おっぱいの調子がいいみたい！
ちがいます。

# 母乳が出なくても

おっぱいで育てたいと思っていても、母乳育児の方法がわからなかったり、赤ちゃんやママの事情で粉ミルクを飲ませる場合がありますよね。

母乳がぜんぜん出なくても、赤ちゃんはママのおっぱいが大好きです。ママの胸にすっぽり包まれる安心感。見上げればすぐ近くにママの顔が見える。赤ちゃんにとって至福のひとときです。

ママの気持ちは…
はー…
母乳だけで育てたかったなぁ～…。
ミルク

赤ちゃんの気持ちは…
ちゅーちゅー
今、
「抱っこ」で「おっぱい」。
幸せ。
0才
すっぽり…

ミルクを足すときは、まず、少しおっぱいを吸わせてからミルクを飲ませるといいそうです。母乳が出るか出ないかはあまり気にせず、スキンシップとしておっぱいを吸ってもらうのです。

ママがいやでなければ、毎日10回くらい、赤ちゃんの求めに応じておっぱいを吸わせましょう。何回も吸われることで、母乳の出がよくなることがあるそうです。

やがて赤ちゃんは成長して、ごはんを食べるようになります。すると、ミルクを足さなくてもおなかが足りるようになってきます。それまで少しずつでも飲ませ続けてきた母乳。

混合栄養はいつの間にか、「母乳」と「ごはん」になっていくのです。

月日がたつと
もう、ミルクは
いらないよ～。
1才
水
「おっぱい」と「ごはん」に。

ママのおっぱい、大好き!!
うーん、楽しい…!
2才

子どもは「抱っこのおっぱい」が大好き。あったかくって、ふわふわで、いいにおい。

子どもの幸せそうな顔を見ると、親もとてもうれしくて幸せな気持ちになります。

Chapter. 04

# 赤ちゃんとの共同作業?

あせらない、あわてない

ママの食事とおっぱい

「おいしい」が大事

夜中の授乳

「添え乳」ってなーに?

母乳不足の見分け方

# あせらない、あわてない

## 考えるのは後回し

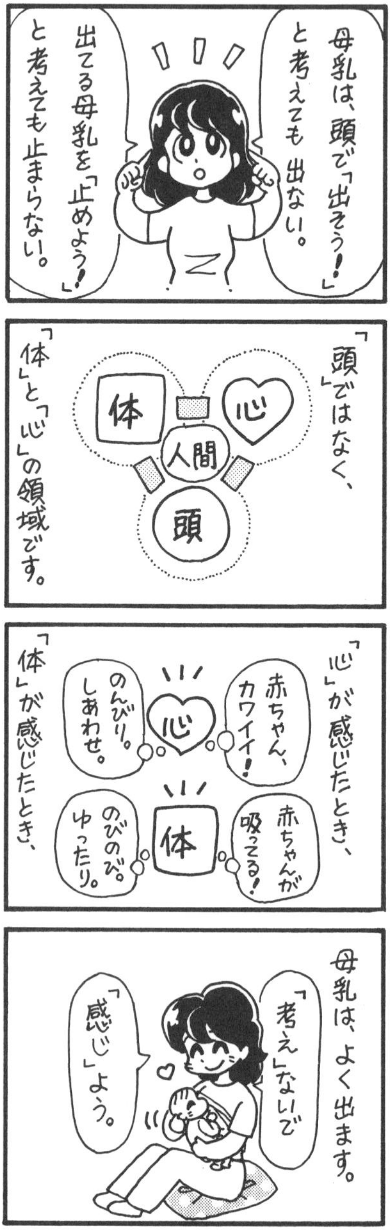
母乳は、頭で「出そう！」と考えても 出ない。
出てる母乳を「止めよう！」と考えても止まらない。
「頭」ではなく、
「体」と「心」の領域です。
体
心
人間
頭
「心」が感じたとき、
赤ちゃん、カワイイ！
のんびり。しあわせ。
心
「体」が感じたとき、
赤ちゃんが吸ってる！
のびのび。ゆったり。
体
母乳は、よく出ます。
「考え」ないで
「感じ」よう。

## 私のお手本

昔、飼ってた猫は…
子ネコ誕生
（そーっと見る）
とても、くつろいだ表情で
うっとり…
ほのぼの…
しあわせ～…。
授乳していました。
尊敬
本気で、
見習っています。
ゆったりと くつろぐと、
こんな感じかな？
おっ。いい感じ！
ごくん…ごくん…
出ます。

## 心と体

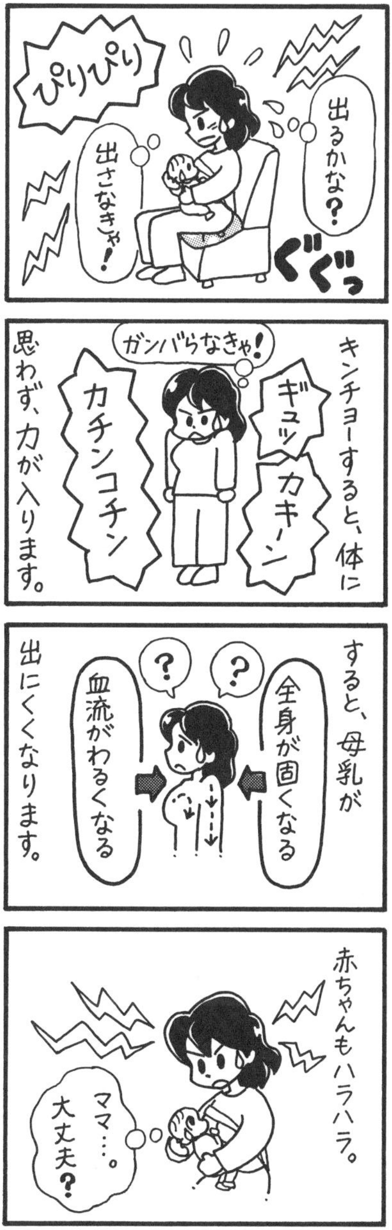
ぴりぴり
出るかな？
出さなきゃ！
ぐぐっ
キンチョーすると、体に
ギュッ
カキーン
ガンバらなきゃ！
カチンコチン
思わず、力が入ります。
すると、母乳が
全身が固くなる
？
？
血流がわるくなる
出にくくなります。
赤ちゃんもハラハラ。
ママ…。大丈夫？

## リラックス、リラックス♪

うっとり
のんびり
♪～
ゆっくり
きっと出てくる…。
体の力を抜こう。
ふんわり
のびのび
そうすると、スムーズに
全身がゆるむ
血流がよくなる
母乳が出てきます。
お母さんが「リラックス」
ゆったり
安心する…。
することが、ポイントです。

## 数えない

数字で はかると、「考え」ちゃう。
心で「感じ」よう。
ついつい、数えてしまうけど
何cc出たのかな?
何分間、飲んだかな?
何回、授乳したかな?
ぜんぶ、数字
かわいい!
目が輝いてる。
ほっぺがぷっくりね。
いっしょうけんめい飲んでるわ。
赤ちゃんの様子を見よう。
赤ちゃんの肌のつやもいいし。
おむつも一日 何回もぬれてるし。
抱っこが重くなった感じ。
母乳が足りてるからよね!

## 忘れる

授乳している間は、
せんたく…。
りょうり…。
そうじ…。
しごと…。
他のことは、いったん
いさぎよく、忘れよう。
どっちみち、今はできない。
両手がふさがってるし。
ムリすると赤ちゃんがあぶないし。
他のことは、授乳タイムが
……。
おわってから 考えよう。
授乳中は、考えない!
ぼーっ
のほほん
これが、いちばん、よく出ます。

# ママの食事とおっぱい

## 赤ちゃんの主張?

―ある夜のこと。
おっぱいを少し飲むと、
うあああん
飲みにくい…。
わわっ
ぎーっ
そっくり返って泣く。
夜中に、何度も起きる。
わーん
わーん
?
おなかがもたれる。苦しい…。
いつもの2倍、起きてぐずる。たいへん…。
よーく観察してみると、
夕食が「焼き肉」か「ステーキ」のときでした。
うちの場合、こうなるのは

個人差があります。

## 自分で決める

そのことがわかってからは、
焼き肉のときは
野菜を多く食べました。
ジュー
お肉は少なめに、よくかんで。
家族がステーキのときは、
私は焼き魚にしたり。
家族は自由。
さっぱりしたメニューの方が、私はラク。
夜、何度も起きるのは、いや。
次の日、眠いし…。
そう思う日は、そうして、
今日は、私もステーキ食べたい!
次の日、眠くてもいいから!
こう思う日は、食べました。

## 楽天家のAさん

Aさんの場合。
おいし〜♡
何でも気にせず食べているわ。
乳腺炎？なったことないわー。
赤ちゃんも元気よ。
Aさんは、消化する力が強いのだと思われます。
まかせて！
楽しく食べていることで
好きなものを食べて、
うれしいな！
さらに消化力がアップ。

## あっさり系のBさん

Bさんの場合。
フランス料理のフルコースを食べたら
ズキズキ
いたーい！
乳腺炎に！
あら？和食の煮物にしたら、
乳腺炎にならないわ。
自分の消化力に合わせた食事にすると、ラクです。
あっさりしたメニューだと
私は、調子がいいわ。
一方で、「楽しみ」も大切かも。
たまには、
好きなものも食べようかな。

## 赤ちゃんにも好み

なになに？
ママがカレーを食べると、
赤ちゃんが母乳を飲みたがらない？
へーっ
母乳育児の本
今日は 私、カレーを食べたけど
この子は喜んで飲んでるなあ。
なーんだ
0才
1年後。
これはからいカレーよ。
えっ
アッ。
ちょうだい。
じゃあ、一口だけね。
1才。
アーッ！
アーッ！
もっと！
……。
つまりこの子は、カレーが大好物だったのね。
ガタッ


その子によって ちがいます。

## 「ケーキを食べたい」

私がケーキを食べたあとに授乳したら、
赤ちゃんに、湿疹が!!
生後2週間
数ケ月後。
おいしそう。
そろそろ、食べてもいいかな…？
食欲に負ける。
私がケーキを食べても、もうこの子に湿疹は出なかった。
よかった〜
きっと、赤ちゃんの消化力が強くなったのね。
大丈夫なら、
あとで、もう1切れ食べよう…。

# 「おいしい」が大事

## ママの体調

くたびれているときは、
だるい。
体が重い。
しんどい…。
ぐったり…
内臓もくたびれていて、
こってりした食事だと乳腺炎になることも。
ママが元気なときは、
体が軽い!
内臓も元気。
こってりしたものを食べても、大丈夫かも。
ママの体調に合わせて、メニューを考えよう。


## 産後におかゆ?!

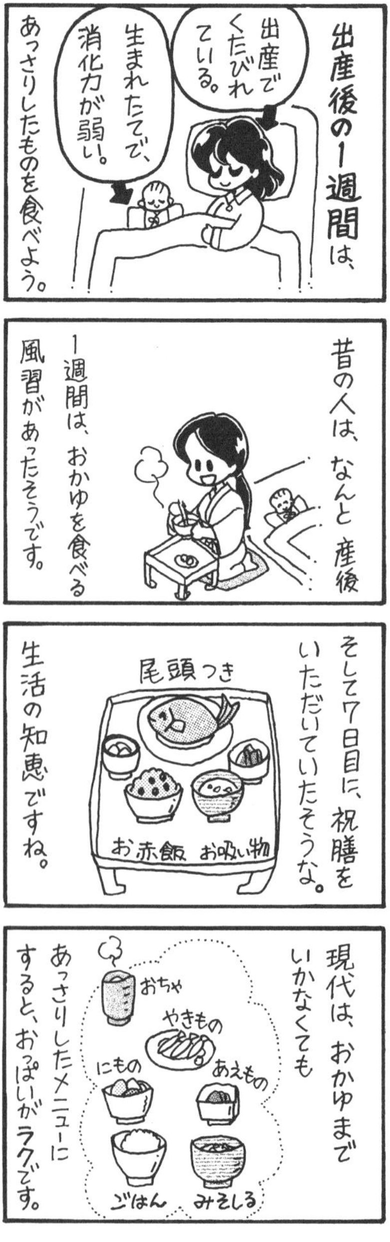

出産後の1週間は、
出産でくたびれている。
生まれたてで、消化力が弱い。
あっさりしたものを食べよう。
昔の人は、なんと産後1週間は、おかゆを食べる風習があったそうです。
そして7日目に、祝膳をいただいていたそうな。
尾頭つき
お赤飯
お吸い物
生活の知恵ですね。
現代は、おかゆまでいかなくても
おちゃ
やきもの
にもの
あえもの
ごはん
みそしる
あっさりしたメニューにすると、おっぱいがラクです。

## ずっと伝統食でも

たとえば、こんなメニューが
いいみたい。
青菜のごまあえ
にもの
焼き魚
つけもの
ごはん
みそしる
理想
日本の伝統食ですね。
先祖代々、昔から食べてきている、日本人の体質に合う食事。
これは、「母乳にいい」だけではなくて、
高血圧、ガン、アレルギー等の
病気になりにくい食事。
「健康にいい食事」では？
子育ては、母乳をやめてからも長く続きます。
急に変えるのはむずかしいけど
5年、10年かけて和食もふやしていきたい。
何十年も、元気でいたいよね。
マイペースで！

## 手抜きオーライ

ここでひとつ、問題が…。
毎日3食、
ダレが作るのか？
赤ちゃんの世話をしていると、
家事に手が回りません。
待ってて！
あーん
あーん
ごはん
せんたく
そうじ
おむつ
おっぱい
乳幼児のいる生活の中で、
ごはんを作るだけで、えらい!!
と、私は思います。
できる範囲でやっていこう。
お昼のおかずは、おそうざいを買って
おみそしるは朝の残りをあっためてっと。
現実

## 私なりに

「母乳にいい食事。」
それは、ママが、
心身ともに
元気でいられる食事。
体の調子もいいし。
私の気分もいいし。
おっぱいの調子もいい。
この子もごきげん。
ママも赤ちゃんも、
体質
消化力
月齢
食べ方
一人一人ちがうので、
毎日が実験(?)です。
これを食べると、どうなるかな?
よ～く観察してみよう。

## おいしい、楽しい

「何を食べるか?」も
大切なことですが
「どんなふうに食べるか?」
にこにこ
イライラ
は、もっと大切です。
心から喜んで食べると、
おいしいね!
うんっ!!
体にもいいです。
消化力や免疫力も上がり、
うれしいな。
ありがとう!
しかも、幸せです。

# 夜中の授乳

## 昼も夜もおっぱい

赤ちゃんは、夜中も何回か
おなかがすきます。
アー!
おっぱい!
なにしろ、赤ちゃんは胃袋がたいへん小さい。
だから、おなかいっぱい飲んでも、
また、じきにおなかがすくの。
しかも、母乳は消化がとてもよい。
天然成分だから…。
ミルクは人工成分。
消化に時間がかかります。
夜中の授乳は、ママのおっぱいにとっても大切!
母乳を出すホルモンがよく出ます。
夜中にも飲ませることで、母乳がよく出るからです。

## いつまで続くの

夜中の授乳?
そうねー。たいてい、卒乳まで続くのよ。
えーっ!!
助産師さん
あっさり
私、続けられるかな?!
できなかったらどうしよう?!
しばらく悩んで、
ドキドキ
決めました。
とにかく、やってみて、
途中で「ムリだ」と思ったら、
そのときにまた考えよう。
うん!
出たとこ勝負!!
そして、とくに考えずに日々、暮らしていたら……
いつのまにか
慣れちゃった…。
ウトウト…
「生活の一部」になっていました。

## 赤ちゃんは大丈夫？

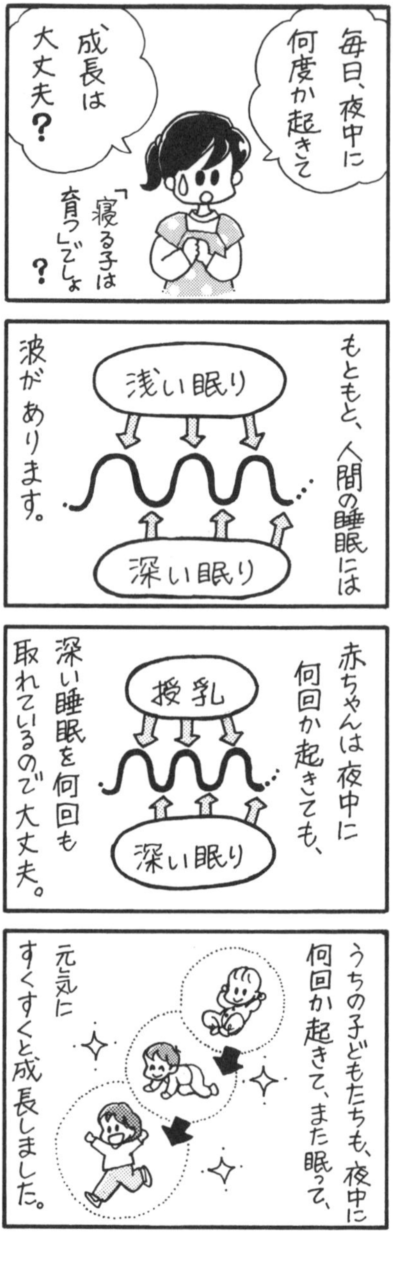
毎日、夜中に何度か起きて
成長は大丈夫？
「寝る子は育つ」でしょ？
もともと、人間の睡眠には波があります。
浅い眠り
深い眠り
赤ちゃんは夜中に何回か起きても、
授乳
深い眠り
深い睡眠を何回も取れているので大丈夫。
うちの子どもたちも、夜中に何回か起きて、また眠って、
元気にすくすくと成長しました。

## ママは大丈夫？

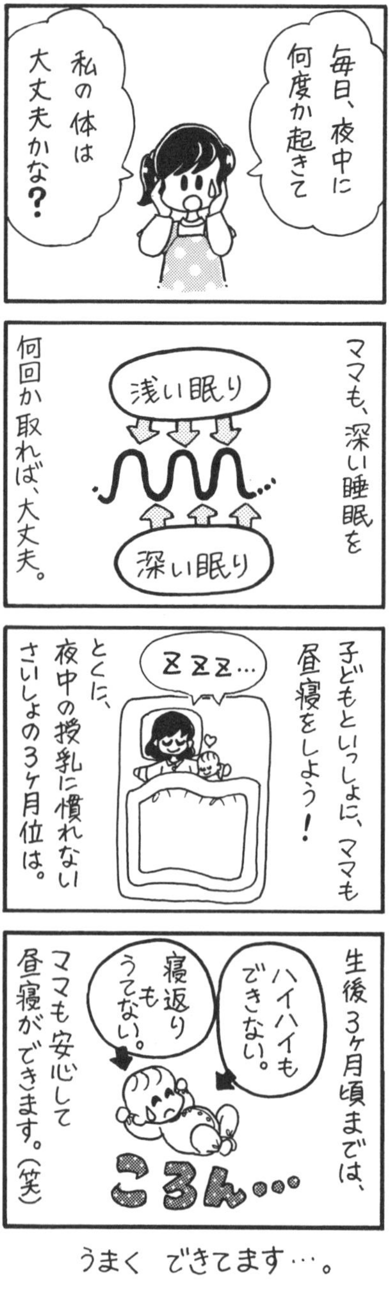
毎日、夜中に何度か起きて
私の体は大丈夫かな？
ママも、深い睡眠を
浅い眠り
深い眠り
何回か取れば、大丈夫。
子どもといっしょに、ママも昼寝をしよう！
ZZZ…
とくに、夜中の授乳に慣れないさいしょの3ヶ月位は。
生後3ヶ月頃までは、
ハイハイもできない。
寝返りもうてない。
ころん…
ママも安心して昼寝ができます。(笑)

うまく　できてます…。

## 理由はいろいろ

夜中の授乳がふえるのは、
わーん
また？
たとえば、ママが食べすぎたとき。
赤ちゃんが離乳食を食べすぎたときも
おなかがもたれて苦しい感じ…。
母乳は、消化を助けるので
おっぱいに助けてもらおう。
何回も飲みたがったりします。
他に、急に成長するときや
ぐーん
いっぱい飲む！
こわいことがあった…。
不安なときもあります。

## いつかは落ち着く

生後1ヶ月位までは、とくに何回も飲みます。
何回起きたっけ？
ぼーっ
もう、かぞえてないなあ…。
4回？
5回？
だいたい、生後3ヶ月位で落ち着いてきます。
少しずつ、ラクになってきた〜。
そしてだんだん回数がへっていき、
1回も起きなかった!!
ぐーっ
ついに、この日が来たか…。
チチチ…
チュンチュン
2才
うちの場合は2才で夜中の授乳がなくなりましたが、
うちの子は、1才だった。
10ヶ月だったわ。
3才だった。
その子によって、個人差があります。

# 「添え乳」ってなーに?

## 赤ちゃんが安心

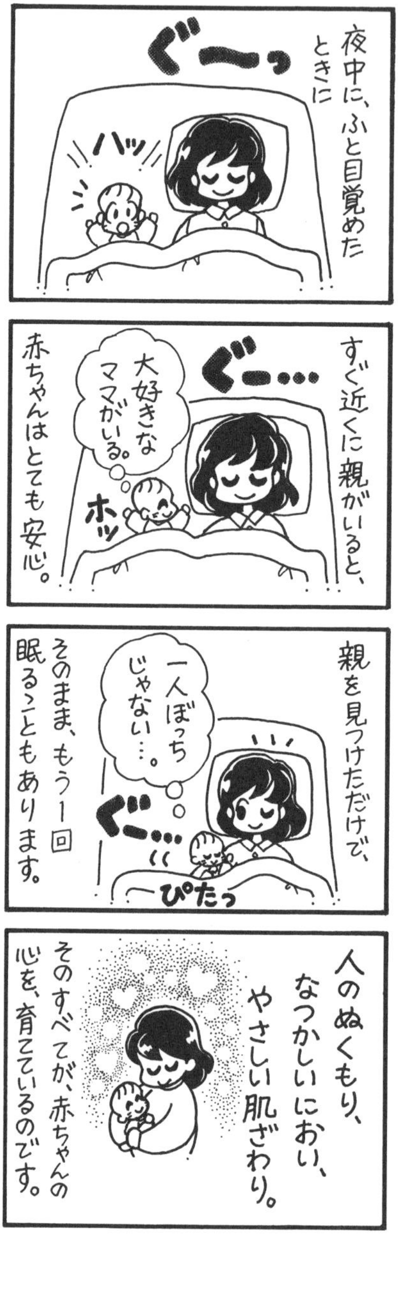
夜中に、ふと目覚めたときに
ぐ〜っ
ハッ
すぐ近くに親がいると、
ぐー…
大好きなママがいる。
ホッ
赤ちゃんはとても安心。
親を見つけただけで、
一人ぼっちじゃない…。
ぐ…
そのまま、もう1回眠ることもあります。
ぴたっ
人のぬくもり、
なつかしいにおい、
やさしい肌ざわり。
そのすべてが、赤ちゃんの心を、育てているのです。

## ママが安心

すぐとなりに寝ていると、
おなかすいた…。
ふえっ…
ふえっ…
早く気づきます。
おっぱいかな?
わーい。
他にも、いろいろなことに
しめっぽいな〜。
おむつ替えようか…。
もぞもぞ
気づくことができます。
あれ? セキしてる。
熱っぽいみたい。
けほっ
けほっ

## 別々はさびしい

夜中の授乳のとき、
別々に寝ていると
ママ?
ふえぇっ…
ぐーっ
赤ちゃんが泣いたときに、
すぐに気づかないことも。
うわああん
ママッ!!
ん?
大泣き
起き上がって、世話をするのもたいへんです。
よいしょ。
おっぱいかな?
おむつかな?
また、「さびしくて」
泣くこともあります。
わーん
ママ、パパ、どこにいるの?
ひとりぼっちで悲しいよ…。

## 近くがいいな

いっしょに寝ていると、
夜中の授乳のときに
ん?
ふえぇっ
寝たまま、飲ませることができます。
ママも、赤ちゃんも、楽で自然です。
うとうと…
添い寝?
赤ちゃんをつぶさないか、心配だわ…。
でも、もし、どうしても心配な場合は
2枚布団を並べて、
寝る方法もあります。
ママのにおいがする…。
ぴたっ

## ずっと添い寝

私は、出産後すぐから
壁ぎわに赤ちゃん
添い寝していました。
幸せ…♡
授乳も楽です。
寝たまま、ゆっくり授乳できます。
（母子同室の産院でした。）
家では、布団をしいて
おむつ替えセット
夫
添い寝しました。
2人目以降は、赤ちゃんを守る意味でも
がしっ
ごろごろ
添い寝していました。（笑）

## こんなときは…

添い寝が心配なのは、
ぐおーっ
酒
ひっく
うぃ〜
「親が泥酔しているとき。」
「睡眠薬を飲んだとき。」
一定時間、目ざめない。
すいみんやく
（別の布団で寝よう。）
「かけ布団が固くて、重いとき。」
ずしっ…
みしっ
（ふわふわの、軽い布団に替えよう。）
それ以外は、まず大丈夫。
添い寝だと、SIDS(※)がへる可能性もあるそうです。

※SIDS　乳幼児突然死症候群

## 添え乳はこうして

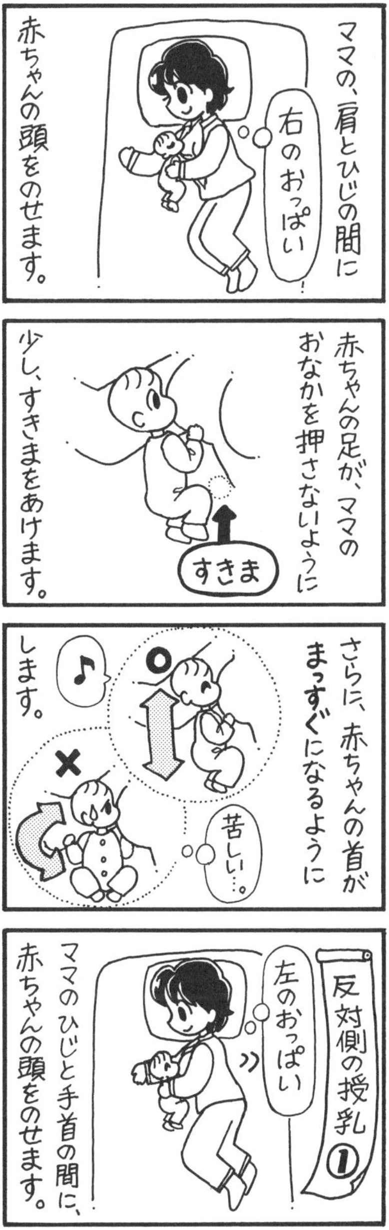
ママの、肩とひじの間に
赤ちゃんの頭をのせます。
右のおっぱい
赤ちゃんの足が、ママの
おなかを押さないように
少し、すきまをあけます。
すきま
さらに、赤ちゃんの首が
まっすぐになるように
します。
♪
苦しい…。
反対側の授乳①
左のおっぱい
ママのひじと手首の間に、
赤ちゃんの頭をのせます。

## 起き上がらなくても

もう ひとつ。右の
おっぱいを飲ませた後、
赤ちゃんを抱っこして
左側へ移動させます。
ほいほい
そして、左のおっぱいを
飲ませます。
反対側の授乳②
授乳のポーズは、他にも
あります。やりやすい
方法を工夫してみてね。

# 母乳不足の見分け方

## 測れないから

私の母乳、足りてるのかな？
心配だわ…。
もし不安になったときは、
母乳育児サークルや母乳サロンに行ったり
大丈夫よ～。
うちもそうよー。
「母乳にくわしい専門家」に相談してみよう。
そうそう。
実は、ほとんどの人が母乳だけで育てることができます。
自信を持ってね！

## 足りていても泣きます

抱っこしないと泣くの。
母乳不足？
いいえ。それは、人間が大好きだから。
ふれあい
寝かせておくと泣くの。
母乳不足？
たいくつ。
いいえ。それは、楽しい時間を過ごしたいから。
知的好奇心
抱っこしても泣くの。母乳不足？
苦しい。
いいえ。飲みすぎ(粉ミルク)や食べすぎのこともあります。
消化不良
母乳が充分足りていても、泣くことがあるのです。
わーん
ねむい。
かゆい。
こわいユメを見た。
つらいことを思い出した。
姿勢を変えたい。
いろいろ

## 1日に7回以上

母乳が足りている赤ちゃんは、
肌にハリとツヤがある。
目が輝いている。
アー！
手足を動かす。
泣く元気もある。
おしっこが1日に6回以上出る。
ホッ
（布おむつだと観察しやすいかも。）
1日7回以上、授乳している。
これで、見わけることができます。
ゴクンゴクン
目がうつろ。ぐったりしてる。
肌がしなびて、ハリがない。
元気がない。
おしっこがあまり出ない。
…………
こういうときは、病気や、母乳不足が考えられます。


## 赤ちゃんのペース

1日7回どころか、
10回〜20回位は授乳しているわ！
大丈夫です。
赤ちゃんは、1時間に1〜2回飲むことも多いです。
回数が多くても
ホッ
足りているのね。
1回に20分以上飲むことも多いです。それは
のんびり…
昼間でも
寝ながら授乳しよう。
母乳不足ではありません。
「3時間おきに、1日8回授乳」とは、
ミルク
消化に時間がかかるの。
ミルク(人工乳)の授乳方法なのです。

## おっぱいが張らなくても

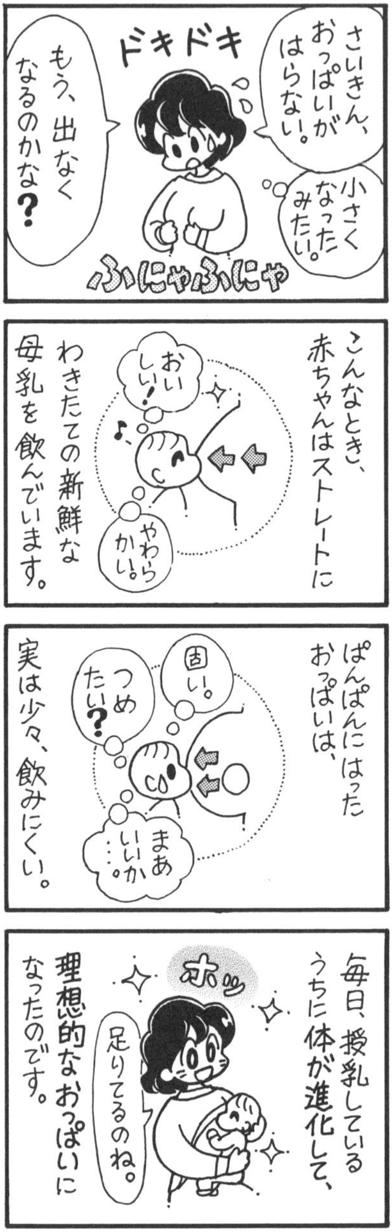

さいきん、おっぱいがはらない。
ドキドキ
もう、出なくなるのかな?
小さくなったみたい。
ふにゃふにゃ
こんなとき、赤ちゃんはストレートにわきたての新鮮な母乳を飲んでいます。
おいしい!
やわらかい。
ぱんぱんにはったおっぱいは、実は少々、飲みにくい。
固い。
つめたい?
まあいいか…。
毎日、授乳しているうちに体が進化して、理想的なおっぱいになったのです。
ホッ
足りてるのね。


## 体重が気になる?

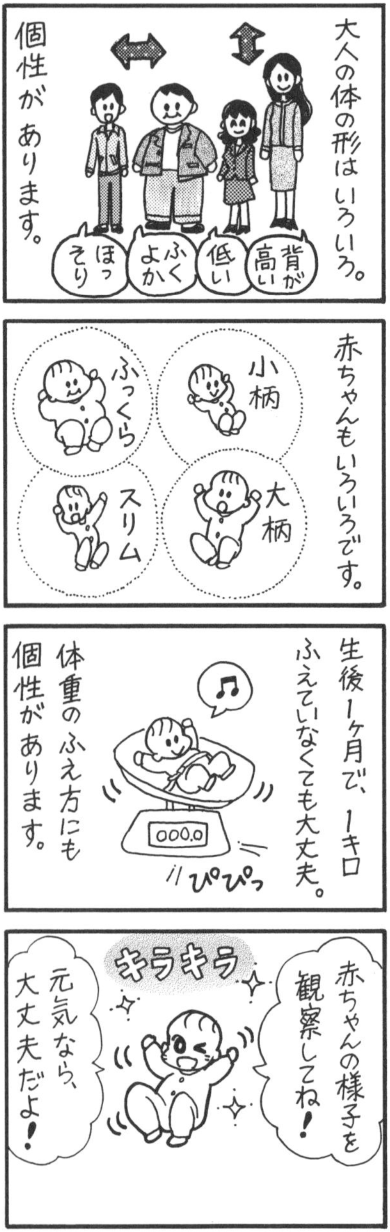

大人の体の形はいろいろ。
個性があります。
背が高い
低い
ふくよか
ほっそり
赤ちゃんもいろいろです。
小柄
ふっくら
大柄
スリム
生後1ケ月で、1キロふえていなくても大丈夫。
体重のふえ方にも個性があります。
♪
000.0
ぴぴっ
赤ちゃんの様子を観察してね!
キラキラ
元気なら、大丈夫だよ!

## 夕方に泣くときは

夕方に泣く子は多いです。
ぐすっぐすっ
せつない…。
なぐさめてほしい。
夕暮れどきのさびしさが、そうさせるのでしょうか。
夕暮れ泣き
でも、親も夕方は大変。
洗濯物、
バタバタ
夕食も作って
ええっ、今おっぱい?!
あーん
長い時間、飲むなあ。
母乳不足?
いいえ。夕方の授乳は、時間がかかることが多いのです。
ぐずぐず…
休憩
おにぎりでも食べて、のんびり授乳しよう。
夕食は、なるべく昼間に作っておこう。
ごろん…

## 赤ちゃんの育つ力

授乳の悩みは、たいてい
さいきん、なんだか
調子がいい!
生後3ヶ月頃には落ち着いてきます。
3ヶ月目をめざそう。
もう少し。
5月 May
きっと楽になるわ。
母乳にくわしい人や、仲間に相談しながら〜。
さらに、生後6ヶ月頃から1才頃になって、
ごはんほしいの?
みそ汁も?
あー!
♪ー
赤ちゃんが、もしごはんを食べ始めたとしたら…
「母乳とごはん」で、落ち着きます。
おっぱいとごはんで、
充分、足りるわ!!
安心しておっぱいを楽しもう。

## 乳腺炎に「サトイモ・シップ」

炎症をしずめる。
体内の老廃物を吸い出す。

**材料**
・サトイモ
・根ショウガ（あれば）
・小麦粉
・水

①サトイモは皮を厚くむく。（かゆくなりにくい）

②すりおろす。

③根ショウガは少量すりおろす。

④サトイモとショウガに、小麦粉と水を少しずつ混ぜてペースト状にする。

小麦粉

⑤綿の布やガーゼ、キッチンペーパーに塗ってはさむ。

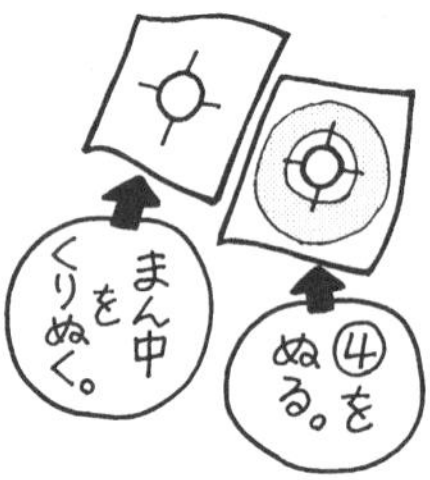
④をぬる。
まん中をくりぬく。

⑥おっぱいに当てる。1回、約2時間。楽になるまで何回取り替えても。

・シップをしたら、乳帯などをしてゆったりした服を着よう。
・サトイモのない時季は、ジャガイモでも応用できます。
・市販の「サトイモ粉」を使うとカンタン。自然食品店などで販売されています。

## 乳首の傷に「ユキノシタ」

傷が早く治る

・葉は濃い緑色で、葉裏は赤紫色。
・葉の大きさは3～9センチ。
・湿った土に生える。

①ユキノシタの葉を洗って、熱湯につける。

②葉裏の薄い膜をそっとはがす。

ピンセット

③乳首に貼る

わあ!
ユキノシタよ〜。
いる?

・ユキノシタは半日陰に自生している多年草。庭のすみに植えておくと便利です。

Chapter. 05

# おっぱいで育てたいから

授乳の前と後

おっぱいマッサージ

乳首のケア

乳腺炎になったら

薬を飲む?

らぶらぶ授乳

# 授乳の前と後

## 乳首はふくの?

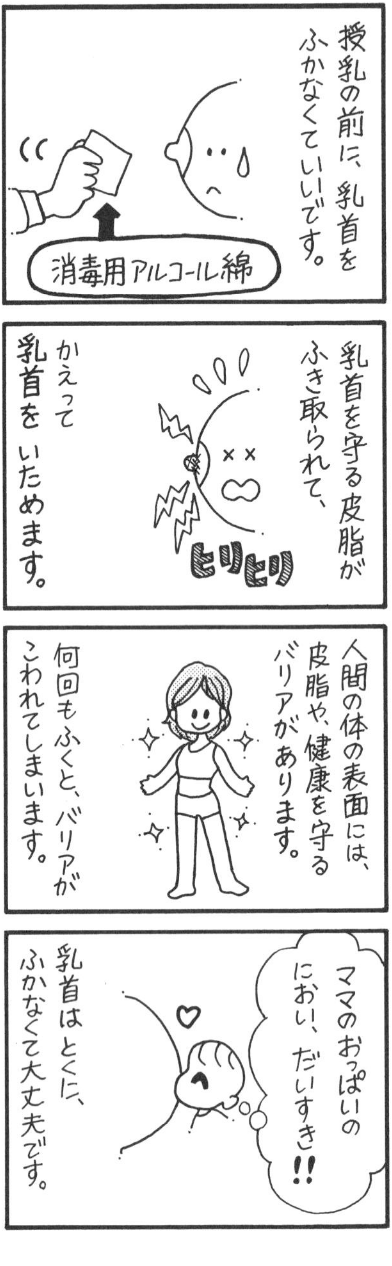
授乳の前に、乳首を
ふかなくていいです。
消毒用アルコール綿
乳首を守る皮脂が
ふき取られて、
かえって
乳首をいためます。
ヒリヒリ
人間の体の表面には、
皮脂や、健康を守る
バリアがあります。
何回もふくと、バリアが
こわれてしまいます。
ママのおっぱいの
におい、だいすき!!
乳首はとくに、
ふかなくて大丈夫です。

## 左右両方飲ませよう

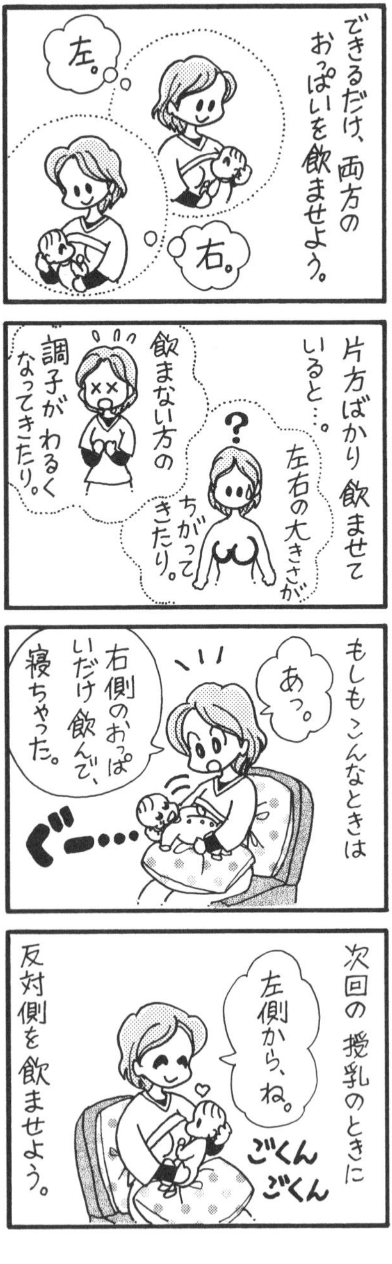
できるだけ、両方の
おっぱいを飲ませよう。
左。
右。
片方ばかり飲ませて
いると…。
左右の大きさが
ちがってきたり。
飲まない方の
調子がわるく
なってきたり。
もしもこんなときは
あっ。
右側のおっぱいだけ飲んで、
寝ちゃった。
グー…
次回の授乳のときに
左側から、ね。
ごくん
ごくん
反対側を飲ませよう。

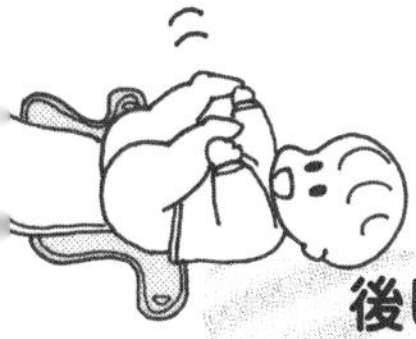

## おっぱいが残ったら

授乳の後、母乳が残ったら、どうする？
まんぷく。
あまってる…。
カラになるまで、しぼっておこうかな？
いいえ。しぼると、体がかんちがいして
赤ちゃんが、まだ飲んでる?!
母乳を、もっと作るぞ!!
母乳が作られすぎて、
わっ!
ばん!
ぐわーん
母乳が出すぎる。
すぐにもれて、びしょびしょ。
のどがかわく。
乳腺炎になりやすい。
困ってしまいます。

## 後しぼりはしないで

母乳が残っても、しぼらなくてよいです。
まんぷく。
あまっているけど
そのままにしておこう。
しぼらない方が、母乳の出すぎを防いで
赤ちゃんが満足したのね。
母乳は、ここでいったん止めよう。
作られる母乳の量が
飲む量と
出る量が
ぴったり。
ちょうどよくなってきます。
おっぱいがはるときは、
イモシップをする。
すう…。
冷たいタオルでそっと冷やす。
ひんやり。
手当てをすると楽です。

## しぼるなら最初に

でも、そのままだと
次の授乳のときに
古い母乳が出るのかも?
はってて飲みにくいかも?
もし、気になる場合は
あーん
はーい。
おなかすいたー。
授乳の前に、少しだけしぼる方法もあります。
あーん?
ちょっと待ってね。
ポタ
ポタ
お待たせ。
おいしい?
うん!

赤ちゃんが飲めるなら、とくにしぼらなくて大丈夫。

## ゲップが出なくても

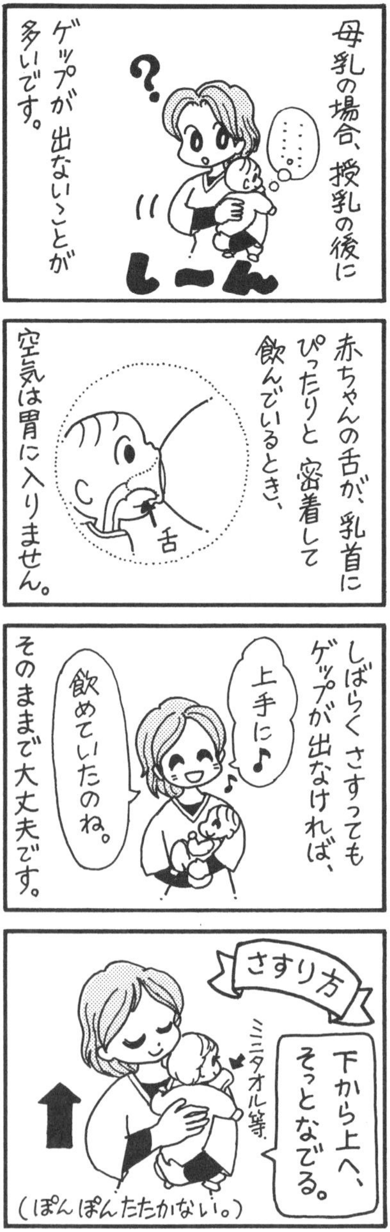
母乳の場合、授乳の後にゲップが出ないことが多いです。
しーん
赤ちゃんの舌が、乳首にぴったりと密着して飲んでいるとき、空気は胃に入りません。
舌
しばらくさすってもゲップが出なければ、そのままで大丈夫です。
上手に♪
飲めていたのね。
さすり方
下から上へ、そっとなでる。
ミニタオル等
(ぽんぽんたたかない。)

# おっぱいマッサージ

## 痛い?痛くない?

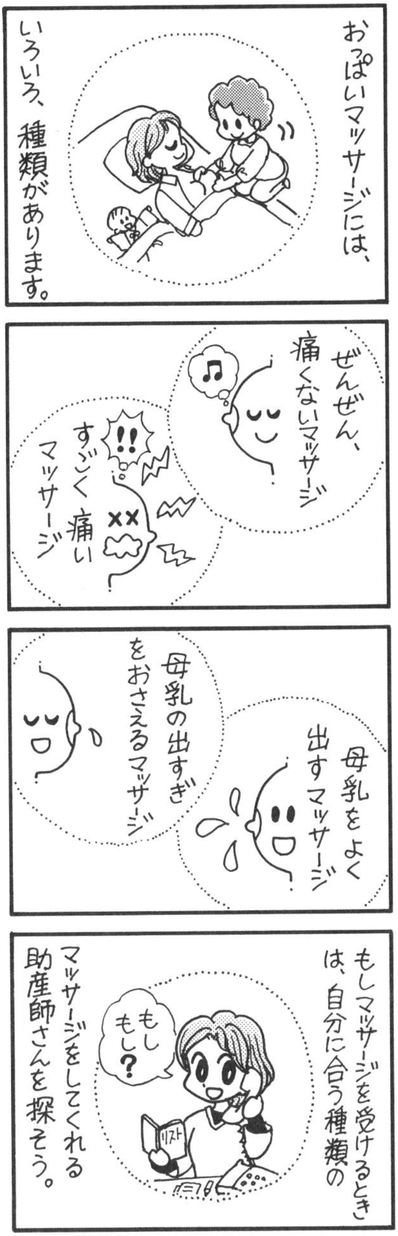

おっぱいマッサージには、
いろいろ、種類があります。
ぜんぜん、痛くないマッサージ
すごく痛いマッサージ
!!
母乳をよく出すマッサージ
母乳の出すぎをおさえるマッサージ
もしマッサージを受けるときは、自分に合う種類の
マッサージをしてくれる助産師さんを探そう。
もしもし?
リスト


## 痛かったら

「とびあがるほど痛いマッサージ」は、
よいしょ、よいしょ
力いっぱい全体をもむ?
イタタタタ!
かえって、おっぱいを傷める可能性があるそうです。
また、世界を見渡すと、「おっぱいマッサージをしない国」もあるそうです。
善意は受け取りたいけど、
痛くても
がんばって!
「とても痛いマッサージ」は、やめてもいいと思います。
ありがとうございます。でも、
マッサージは、やめます。
あら。
そお?

## 乳管開通マッサージ

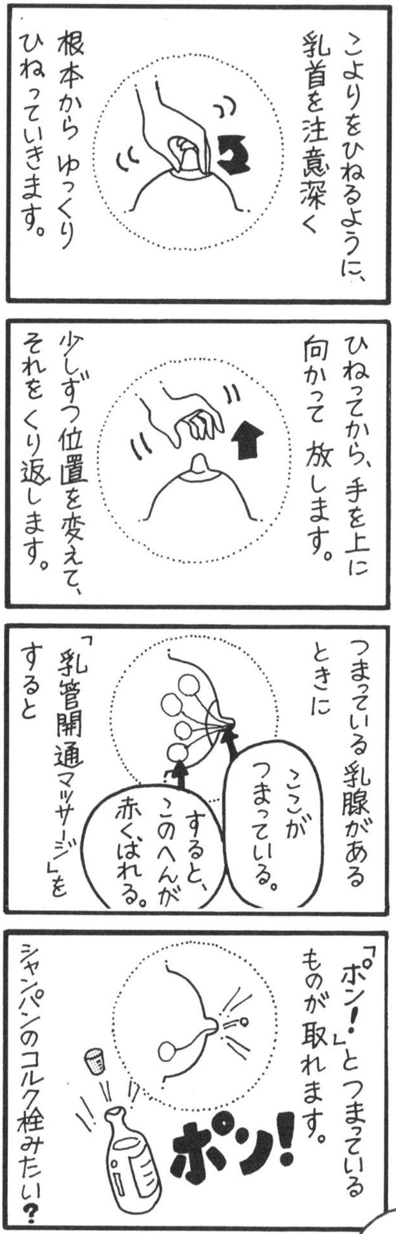
こよりをひねるように、乳首を注意深く
根本から ゆっくりひねっていきます。
ひねってから、手を上に向かって 放します。
少しずつ位置を変えて、それをくり返します。
つまっている乳腺があるときに
ここがつまっている。
すると、このへんが赤くはれる。
「乳管開通マッサージ」をすると
「ポン!」とつまっているものが取れます。
ポン!
シャンパンのコルク栓みたい?

## ふわふわのおっぱいに

「乳管開通マッサージ」は、
妊娠36週位から自分で行うこともできます。
私は、妊娠中にはやらなかった…。
実は…
出産翌日に、助産師さんがやってくれたのですが。
のんびりや。
また、おっぱいの調子がよくないときに、
ぜんぜん痛くないマッサージ
「おっぱい全体のマッサージ」をしてもらうと
やわらかく、ふわふわのおっぱいになります。
ごくんごくん
赤ちゃんも飲みやすくてごきげんになります。
ふわふわ♡

## 母乳がもれるとき

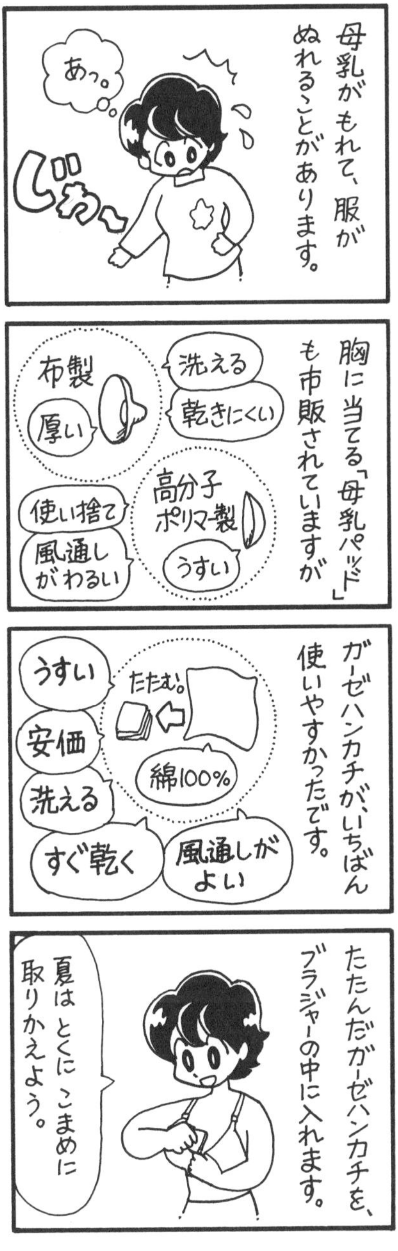
母乳がもれて、服がぬれることがあります。
あっ。
じわ〜
胸に当てる「母乳パッド」も市販されていますが
布製
洗える
厚い
乾きにくい
高分子ポリマー製
使い捨て
風通しがわるい
うすい
ガーゼハンカチが、いちばん使いやすかったです。
うすい
たたむ。
安価
綿100%
洗える
すぐ乾く
風通しがよい
たたんだガーゼハンカチを、ブラジャーの中に入れます。
夏はとくにこまめに取りかえよう。

## 風通しをよく

乳首が湿っていると、傷つきやすくなります。
じめじめ
風通しをよくして、乾かそう。
化学せんいの服や下着は風通しがわるいので、
ナイロンや、
ポリエステルなど。
なるべくへらそう。
天然せんいの、風通しのよい服や下着をえらぼう。
綿など。
サイズも、しめつけないゆとりのあるものを。
乳首が痛むときは、とくに服も下着も母乳パッドも、
胸を密封しない。
風通しのよいものにしよう。

## 軽く流すくらいで

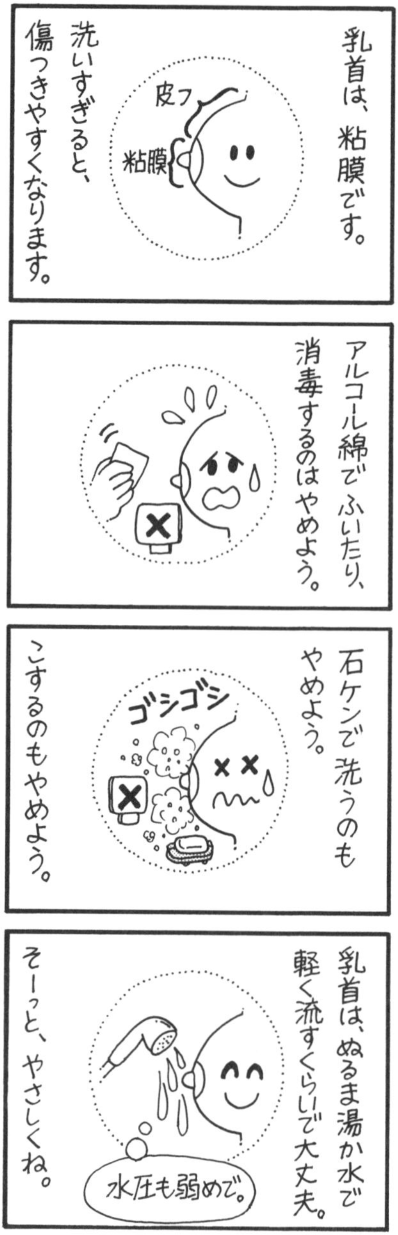
乳首は、粘膜です。
皮フ
粘膜
洗いすぎると、傷つきやすくなります。
アルコール綿でふいたり、消毒するのはやめよう。
石ケンで洗うのもやめよう。
ゴシゴシ
こするのもやめよう。
乳首は、ぬるま湯か水で軽く流すくらいで大丈夫。
そーっと、やさしくね。
水圧も弱めで。

## 吸い方で予防できる

乳首の傷は、吸い方で予防できます。
乳輪部を吸う
赤ちゃんの首の向きをまっすぐにして抱きます。
首が横を向いていると、乳首が引っぱられます。
吸い方を正しくすると
それだけで、乳首の傷が治っていくくらいです。

## 傷を治す吸わせ方

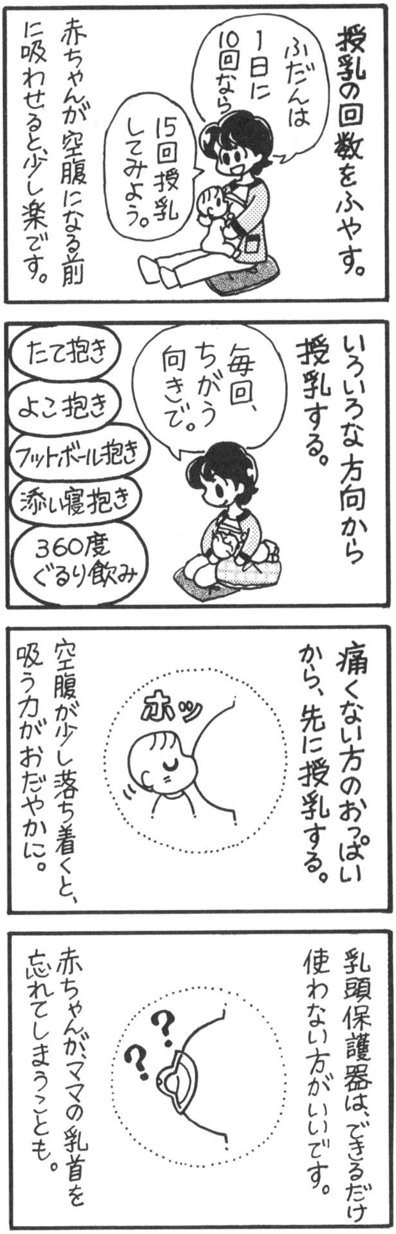
授乳の回数をふやす。
ふだんは1日に10回なら
15回授乳してみよう。
赤ちゃんが空腹になる前に吸わせると少し楽です。
いろいろな方向から授乳する。
毎回、ちがう向きで。
たて抱き
よこ抱き
フットボール抱き
添い寝抱き
360度ぐるり飲み
痛くない方のおっぱいから、先に授乳する。
ホッ
空腹が少し落ち着くと、吸う力がおだやかに。
乳頭保護器は、できるだけ使わない方がいいです。
赤ちゃんがママの乳首を忘れてしまうことも。

## 乳首の手当法

授乳した後、乳首に母乳をぬって、
ぬり ぬり
空気に当てて乾かそう。
自然乾燥。
母乳には、炎症を抑える作用があります。
ランシノー（羊の脂）や馬油（良質のもの）をぬる方法もあります。
バーユ
赤ちゃんがなめても大丈夫なので、安心です。
ユキノシタ（植物）の葉のシップも効果があります。
昔からの治療法です。傷が早く治ります。

手当法は 84 ページ参照

## 心をほぐす

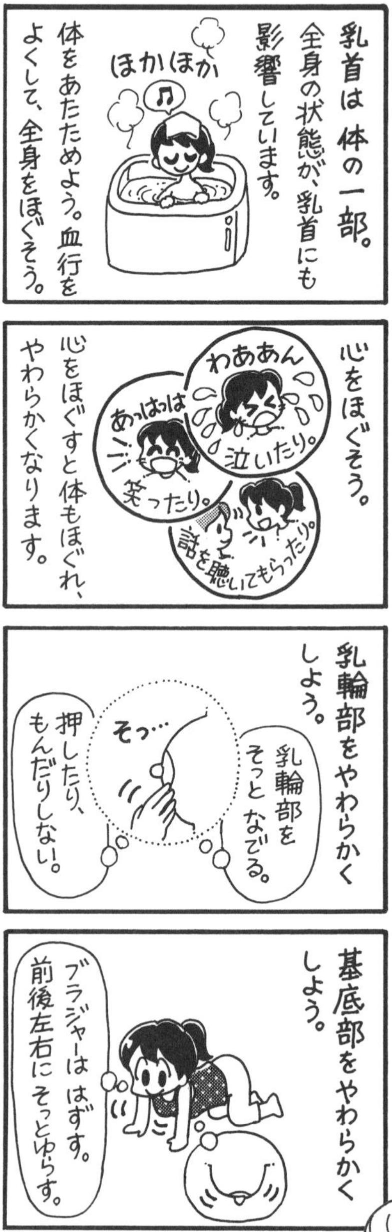

乳首は体の一部。全身の状態が、乳首にも影響しています。
ほかほか
体をあたためよう。血行をよくして、全身をほぐそう。
心をほぐそう。
わああん
泣いたり。
あっはっは
笑ったり。
話を聴いてもらったり。
心をほぐすと体もほぐれ、やわらかくなります。
乳輪部をやわらかくしよう。
乳輪部をそっとなでる。
そっ…
押したり、もんだりしない。
基底部をやわらかくしよう。
ブラジャーははずす。前後左右にそっとゆらす。


## おっぱいにカビ？

テカテカしてる
ピンク色
ポロポロむける
かゆい
これは、カンジダ（カビの一種）がふえた状態です。
赤ちゃんの口の中に白いカスがあったら、
あーん
ぬらしてしぼった布でやさしくふき取ろう。
母乳をやめる必要はありません。
よかった～。
ホッ
母乳外来等へ行こう。授乳しながら治せます。
くたびれているときになりやすいそうです。
ぐー…
休養も取ろう！

# 乳腺炎になったら

## おっぱいが重い?

母乳がつまって、しこりができたり
赤み
しこり
赤くなって はれたり
全体的に はれることもあります。
おっぱいがボールみたいに固い。
???
ゴロゴロして重い…。
こんなときは、
歩くと、おっぱいがゆれて イタイ。
熱が出てきた。
「母乳にくわしい」専門家の、診察を受けよう。
母乳外来
出張助産師
電話帳
インターネット
お産や母乳の本の巻末リスト
もしもし。


## 一歩手前

☆乳首を引っぱって飲む。
不満そう。
イタタ…。
☆おっぱいをかむ。
☆授乳がつらい。楽しめない。
もう、いや。
どこが どう、とは言えない。でも苦しい感じ。
飲みにくいよ…。
できれば、この段階で「母乳にくわしい」助産師等に相談すると、楽です。
もしもし?
一度、見ていただけますか。
自分で治す方法もいろいろあります。
食事
休養
授乳の仕方
etc.
試してみよう。

## 乳腺炎になりやすいとき

なんといっても、☆ママに疲れがたまっているときです。
体力や免疫力も落ちている。
なんか、だるい…。
ふら…
☆忙しいとき。
お盆
暑さ
年末・年始
寒さ
帰省
引っ越し
おむつきがえ
えーと
☆食べすぎたとき。
旅行や帰省で、たくさん食べたり。
うわ〜おいしそ〜。
☆体が冷えたとき。
☆ストレスが続いたとき。
列車の冷房、きつかったなあ。
長く抱っこしてたら、肩が痛い。
いろんな人に会って、気を使ったな〜。
ずしっ

## 眠って治す

ぐー!
とにかく、眠る。
休養がいちばんです。
昼寝する。
ちょっと休憩…
Z
ころん
あっ。
ねよう!
あとは明日やろう。
早く寝る。
眠っている間に、体は回復します。
自然治癒力全開!
のびのび
ZZZ
免疫力アップ!
眠ると、心も休まります。
どんなにいい治療を受けても、眠らないと回復していきません。
まず、眠ろう!!

## 「天然」マッサージ師

何回も、授乳する。
一日に10回でも、20回でも。
自分が、ムリのない範囲で…。
正しい吸い方で赤ちゃんがおっぱいを吸うと、
天然のマッサージになります。
何回も授乳すると、
流れがよくなる
おっぱいの調子がよくなってきます。
それだけで、
なんだか、
スッキリ！
治ることもあります。

## いろいろな飲ませ方

いろいろな方向から、授乳する。
よこ抱き
枕・座ぶとん・クッション等
いろいろな方向からまんべんなく吸うと、
たて抱き
調子がよくなります。
フットボール抱き
16
授乳のたびに、ちがう
添い寝抱き
スッキリ。
抱き方で飲ませてみよう。

## ママが回る

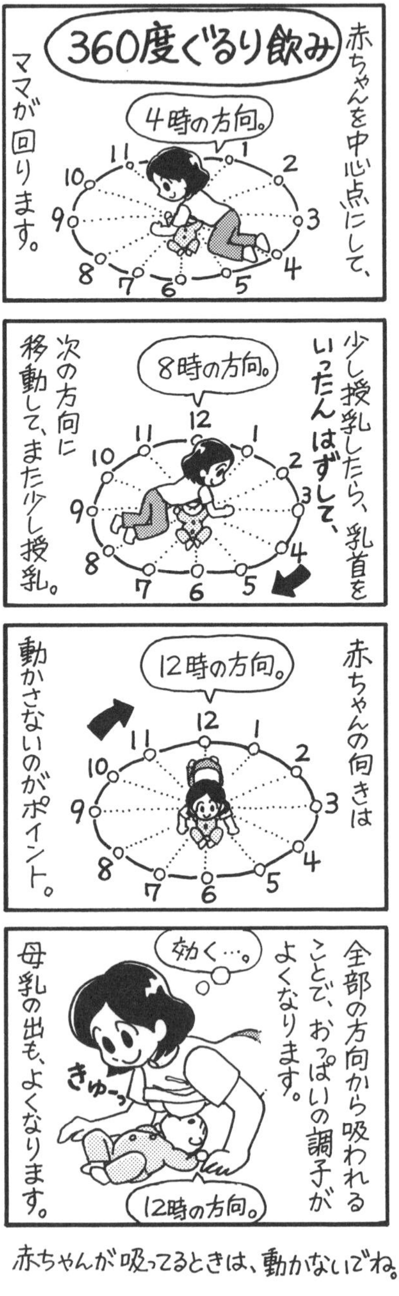
赤ちゃんを中心点にして、
ママが回ります。
360度ぐるり飲み
4時の方向。
少し授乳したら、乳首を
いったん はずして、
次の方向に
移動して、また少し授乳。
8時の方向。
赤ちゃんの向きは
動かさないのがポイント。
12時の方向。
全部の方向から吸われる
ことで、おっぱいの調子が
よくなります。
母乳の出も、よくなります。
効く…。
きゅーっ
12時の方向。

赤ちゃんが吸ってるときは、動かないでね。

## 授乳の順番

片方のおっぱいが
調子がわるいときは
右側の方が調子がわるい。
調子のわるい方の
おっぱいから、
先に飲んでもらおう。
赤ちゃんによく吸って
もらうことで、
調子がよくなるからです。
(もし、痛むときは…。)
ゆっくりと息を、細く長く
吐くと、痛みが少し楽です。
ふー…
ふー…
?

# 薬を飲む?

## 母乳をやめる?

私のぐあいがわるい。
薬を飲みたい。
???
母乳に薬が出ちゃうかも。
どうしよう?
心配!
薬を飲まずにガマンするのは、つらい。
薬を飲むなら、母乳をやめなくてはならない?
いいえ。やめなくて大丈夫です。
ほとんどの場合、母乳を続けることができます。
授乳中でも、飲める薬がたくさんあります。
「授乳中である」ことを伝えて、専門家に相談しよう!
インターネットで、「授乳と薬」を検策してみよう。

## 親知らずを抜いたとき

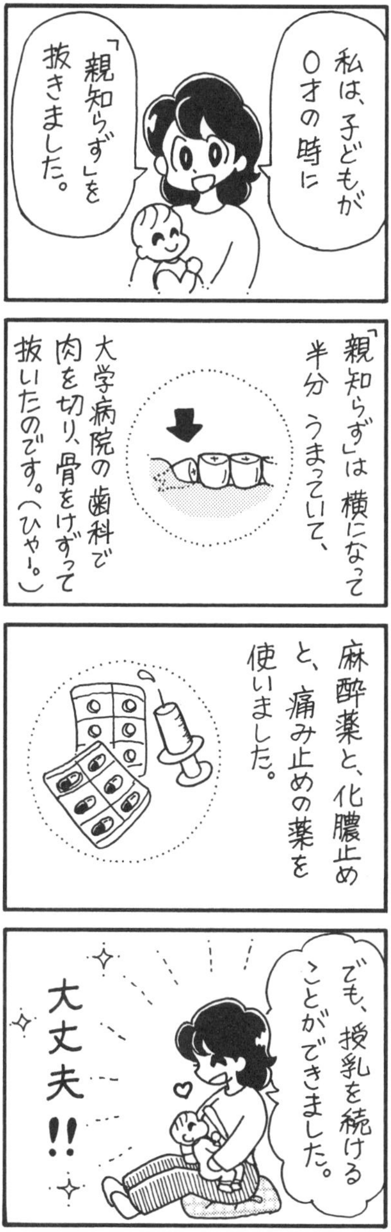

私は、子どもが0才の時に
「親知らず」を抜きました。
「親知らず」は横になって半分うまっていて、
大学病院の歯科で肉を切り、骨をけずって抜いたのです。(ひゃー。)
麻酔薬と、化膿止めと、痛み止めの薬を使いました。
でも、授乳を続けることができました。
大丈夫!!

## 薬の影響を少なく

まず、ゆっくり、
たっぷり授乳をして、
ちゅうちゅう
授乳が終わってすぐに
ごっくん
薬を飲みます。
そうすることで、薬の影響を
さらに少なくすることができます。
赤ちゃんに影響があるといわれる薬でも、
授乳のタイミングを工夫して、飲めることもあります。

## 待たせる間の工夫

麻酔の薬は、何時間位で血液中から消えますか
あの〜…
?
そうだなぁ〜。○時間位だな。
その○時間がたつまで、ぬるい番茶か白湯を、
水分補給
ヌークのほ乳ビン(※)で飲ませました。
スプーンやコップ等でも飲ませることができます。
赤ちゃんがぐずったら、おんぶして歌ってあやしました。
ゆ〜りかご〜の〜
ヨシヨシ
あっ。
あ〜。
やった!! ○時間たった。
ホッ
お待たせ!
事前に母乳をしぼっておいてもよかったかも。
「水分補給」「おんぶで歌う」このくり返しで、のりきりました。

※ ヌークのほ乳ビン…母乳と吸い方が似ているそうです。

## 至福のとき

「おっぱい」の特徴は、「胸に抱く」ことです。
スキンシップ
毎日、何回も抱っこ。
「肌のふれあい」を自然にたくさんしています。

胸に抱くと、ちょうど目と目が合う距離です。
アイ・コンタクト
近い。
「目は心の窓」。心と心が出会います。

そして見つめ合ったり、笑い合ったり、話しかけたり。
らぶらぶ授乳
おいしい?
ニコッ
うんっ!!
LOVE LOVE.
心と心が通じ合う、ふれあいのひとときです。

この「心のふれあい」が、赤ちゃんの心を守り、育てるのです。
安心感
あたたかい…
信頼感
ここに、母乳育児のいちばん大切なポイントがあると思います。

## おっぱいでもミルクでも

でも、もしも赤ちゃんの気持ちに無関心で、
しらんぷり授乳
Pi.
あたたかく見つめたり、話しかけたりしなかったら

おっぱいで授乳していても、
この本、おもしろい。
心はふれあいません。

また、ほ乳ビンは、抱っこをしなくても授乳できます。
⬆キケン。やめよう。
孤食
そうすると、「ふれあい」もへることになります。

ほ乳ビンでも、できるだけ抱っこして見つめて、話しかけて授乳しよう。
らぶらぶ授乳
おいしい?
うんっ!!

## ママも赤ちゃんも

もしも、ほとんどが「しらんぷり授乳」だと、
しらんぷり授乳
きらわれてるのかも？
赤ちゃんはさびしい。
実は、ママもさびしいです。
うちの子、あまり笑わないのよね。
？
楽しくないなぁ…。
し～ん
「らぶらぶ授乳」が多いと、
らぶらぶ授乳
生まれてきて、よかった。
赤ちゃんはうれしい。
実は、ママもうれしいです。
カワイイ！
なんだか、幸せ…。
楽しい!!
アーッ。
キャッ
キャッ

## 100%はムリだけど

理想は毎回100％「らぶらぶ授乳」ですが、
私は、ときどき、
本を読んだり。
テレビを見ることもありました。
現実には、ムリかも。
本は、やがて読めなくなりましたがー。
あっ
ばし！
怒った？やっぱり？
さらに、こんな場面もいっぱいありました。
生活中授乳
ぱくぱく
もしもし？
私の場合、こんな割り合いでした。
しらんぷり授乳
20%
らぶらぶ授乳
40%
生活中授乳
40%

Chapter.06

# 断乳？卒乳？乳ばなれ

きゅーきょくのりにゅーしょく

乳ばなれのとき

こんなこともありました

乳ばなれの後に

# きゅーきょくのりにゅーしょく

## 生後6ヵ月までは

昔、「離乳食は3ヶ月から」と言われていたそうです。
ねんねの頃～
ねがえりも打てない…。
ハイハイもおすわりもできない。
生後 3ヶ月
ところが、アレルギーがふえたので見直されて、
ゴホッ
ゴホッ
かゆい…。
苦しい…。
消化する力が、まだ育っていない。
今は、「生後6ヶ月までは母乳のみで育てよう！」と言われています。
また、「母乳を補う食事」として、WHO(世界保健機構)では「補完食」と呼んでいます。
補完食《ほかんしょく》
ぱくっ
ごはんは副食。
母乳が主食。


## おっぱいを飲みながら

ごはんを食べるようになってからも、
ぱくっ
とくに、母乳をやめる必要はありません。
今まで通り、母乳を
ごはんの前でも
ごはんの後でも
飲んでいて大丈夫です。
母乳には、消化を助けるはたらきもあるので、
おっぱいを飲んでいるほうが
体調がいい。
赤ちゃんのおなかにいいです。
また、授乳を急にへらすと、ママが乳腺炎になることもあります。
いたたたた。

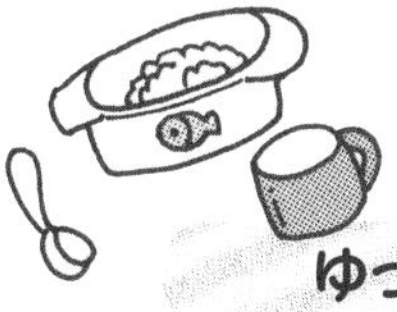

## 早く始めると…

生後3ヶ月頃は、赤ちゃんは自力で座れません。
大人が支えるか?
イスにベルトで固定するか?
異物を、舌で口の中から押し出す頃です。
えーっ
?!
ベー
本能。
消化する力が弱いので、体調をくずすこともあります。
ぐすっぐすっ
おなかが苦しい…。
うーん、うーん
泣く
便秘(消化不良)
ふきげん
うなる
アレルギー
しかも、離乳食を別に作ると、食べ残しはゴミに。
また、残した…。
もったいないなー。
ぐすん…
せっかく、作ったのに!

## ゆっくり始めると…

生後6ヶ月を過ぎて、少し座れるようになってくると、食べやすいです。
アー。
赤ちゃんに「食べたい!」という意欲が出てくる頃です。
あら。
ほしいの?
アッ。
アーッ!!
ガタッ
消化する力が育ってくるので、体調もくずしにくいです。
にこにこ
元気
ごきげん
アレルギー予防
大人の食事から分けるので、赤ちゃんが喜ぶうえに、ゴミもへり、地球を守ります。
もぐもぐ
ポロポロ
食べこぼしはあるけど…。

## 母乳から味を覚える

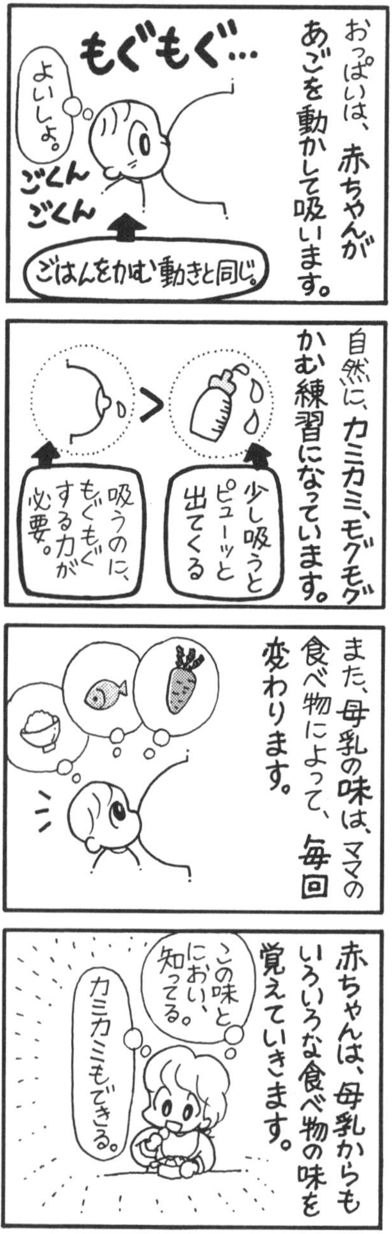
おっぱいは、赤ちゃんがあごを動かして吸います。
もぐもぐ…
よいしょ。
ごくんごくん
ごはんをかむ動きと同じ。
自然に、カミカミ、モグモグかむ練習になっています。
少し吸うとピューッと出てくる
吸うのに、もぐもぐする力が必要。
また、母乳の味は、ママの食べ物によって、毎回変わります。
赤ちゃんは、母乳からもいろいろな食べ物の味を覚えていきます。
この味とにおい、知ってる。
カミカミもできる。

## 特別メニューはいらない

ゆっくり始めると、なんと!!
おかゆも、
野菜のうらごしも、
ベビーフードも、
いらないよ。
赤ちゃん用の流動食を作る必要がありません。
大人の食事から、消化のよいものを取り分けて、
煮物の野菜
みそしるの具
ごはん
いっしょに食べられます。
赤ちゃんも、喜びます。
食べたい?
アーッ。(うん!)
いっしょにごはん。うれしい!
かんたん
おいしい
楽しい!
赤ちゃんも食べられるうす味の煮物も作ろう。
大人の体にもいいし、ヘルシーね。
しょうゆ
みそ

## 甘くないものを

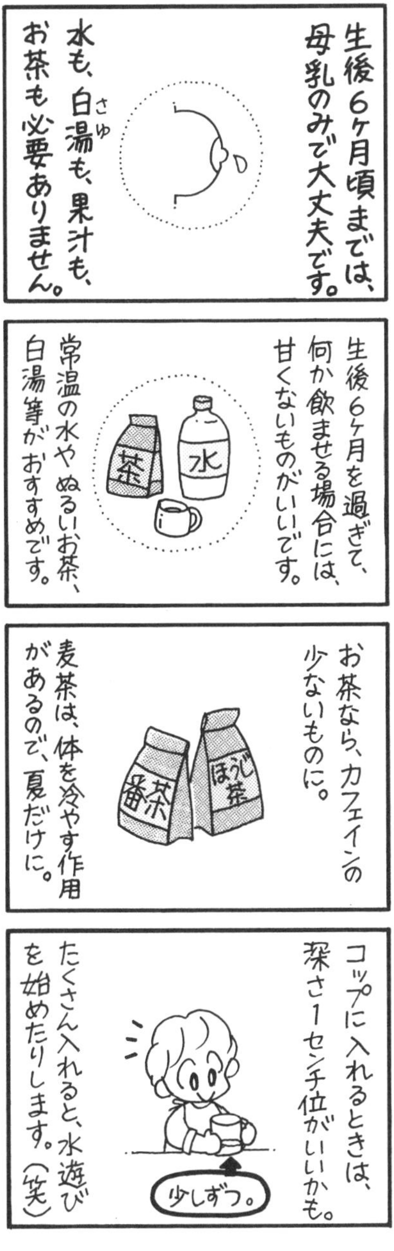
生後6ケ月頃までは、母乳のみで大丈夫です。
水も、白湯《さゆ》も、果汁も、お茶も必要ありません。
生後6ケ月を過ぎて、何か飲ませる場合には、甘くないものがいいです。
水
茶
常温の水やぬるいお茶、白湯等がおすすめです。
お茶なら、カフェインの少ないものに。
ほうじ茶
番茶
麦茶は、体を冷やす作用があるので、夏だけに。
コップに入れるときは、深さ1センチ位がいいかも。
少しずつ。
たくさん入れると、水遊びを始めたりします。(笑)

## 果汁は必要?

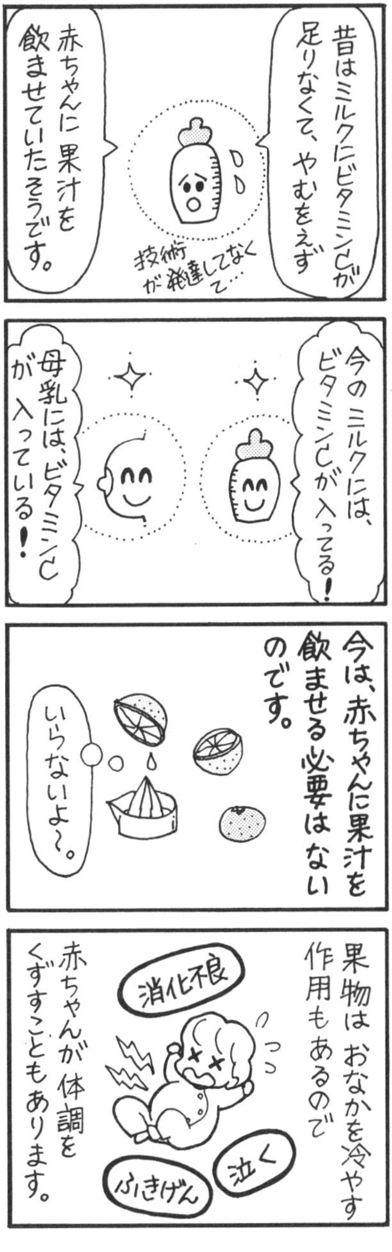
昔はミルクにビタミンCが足りなくて、やむをえず赤ちゃんに果汁を飲ませていたそうです。
技術が発達してなくて…
今のミルクには、ビタミンCが入ってる!
母乳には、ビタミンCが入っている!
今は、赤ちゃんに果汁を飲ませる必要はないのです。
いらないよ～。
果物はおなかを冷やす作用もあるので
消化不良
泣く
ふきげん
赤ちゃんが体調をくずすこともあります。

# 乳ばなれのとき

## わが家の場合

1人目は、1才7ヶ月でやめました。
おっぱいバイバイね。
バイバイ。
1才
(単語は言える)
すんなりやめたと思っていたら——
本当はもっと、飲みたかった。
そうだったの?!
2才
(しゃべれるようになった。)
「申しわけなかった」と思い、もう1回飲ませました。
また、飲む?
うんっ!
2人目、3人目、4人目はいつのまにか飲みにこなくなりました。


## やめ方いろいろ

どんなによく飲む子でも、おっぱいをやめるときがやってきます。
おっぱい、大好き!!
この子、もしかして一生飲むのかしら?
①子どもから「やめる」と言う。
もう、おっぱいいらない。
やめる。
宣言!
②親から、「やめよう」と言う。
そろそろ、やめようか。
提案!
③いつのまにか、やめている。
あれ?
飲みにこなくなった…。

## ずっと飲んでも

おっぱいは胸にあるから、
「母乳を飲む」イコール「あたたかい抱っこ」。
すっぽり。。。
スキンシップ
ぬくもり
胸に抱くと、目も合いやすい。
アイコンタクト
注目
心のつながり、安心感を育てます。
何才まで飲んでも、大丈夫です。
たっぷりおっぱい
たっぷり安心

## 虫歯になりにくい

1才を過ぎても、母乳の栄養はなくなりません。
栄養、あります!
データをとって、科学的に証明されています。
「母乳は、1才を過ぎると水のようになる」という説は、誤解です。
安心して、授乳してくださいね。
1才を過ぎても、3才を過ぎても、
免疫
栄養
消化を助ける
母乳の成分は、子どもをより丈夫に育てます。
あごを使って吸うので、あごがよく発達します。
よいしょ、よいしょ。
そのため、歯並びがよくなり、虫歯になりにくくなります。

## 早くやめても

うちの子は、早くにおっぱいをやめたの…。
何かの事情で、そういうときもあります。
おっぱいをやめても、
胸にふれたり、抱っこすることはいっぱいできます。
すっぽり…
スキンシップ
目と目を合わせて、話すこともできます。
ねー、ママ。
なあに？
大好き！
ママも、大好きよ。
らぶらぶ
アイコンタクト
「おひざで絵本」「わらべうた」遊びの中で
むかしむかし…
なーべーなーべー
そーこぬけ
いろいろな形で、心の栄養を吸収できます。


## たくさんの安心感

「いつまでも飲ませてると、子どもが自立できない」？
そんなことはありません。
もし、強引にやめて「早く自立させよう」とすると、
心の栄養が
足りてなかった…。
よろ…
成長してから、心のバランスをくずすこともあります。
不安
イライラ
「抱っこ」や「おっぱい」をたっぷり経験した子どもは、
たくさんの安心感を
心にたくわえている。
やがて—
自分から、自然にしっかりと自立していきます。
おちついている
やさしい
自分を大切にする

## こんなこともありました

### 上の子のとき

毎日、何回も授乳していて
昼間も
夜中も
急に飲むのをやめたら、
バイバイね。
バイバイ。
ナイナイ。
わいてくる母乳で
おっぱいがはれてふくらみ、まるで固いボールのよう。
あおむけで寝られない。
イタタタ
子どもを抱っこできない。
カチンコチン
3日間は、とくに痛くて
サトイモ・シップをしよう。
家事も育児もつらいです。
誰かに、手伝ってもらおう!!


サトイモ・シップは 84 ページ参照

### 急にやめたので…

この時は、助産師さんに
もしもし。
予約をお願いします。
リスト
マッサージをお願いしました。
自宅まで出張してきてくれました。
痛くないマッサージ
3日目に少ししぼって、
全部しぼると、また母乳がわいてきちゃうから
少しずつね。
その後も、間をあけて何回かしぼりました。
楽になった…。
スッキリ
専門家に頼まずに、自分で少しずつしぼる人もいます。

## 2人目のとき

いつのまにか、夜中の授乳がなくなった…。
Z
2才
昼間の授乳も自然に回数がへっていき、
1日10回
・・・
1日3回
1日1回
3日に1回
3才
とうとう、まったく飲みにこなくなりました。
ごきげん
3才半過ぎ
少しずつやめたので、おっぱいも固くはれることなく、
ぜんぜん、痛くない!!
シップもマッサージもしなくて大丈夫でした。
楽だ〜。

## おっぱいの変化

急に授乳をやめたときは、
ぱんぱん
しゅ〜…
おっぱいが固くはれた後、
はれが引くと、しぼみました。
空気の抜けた風船みたい。
ちょっと、さびしいかも…？
カラッポ？
次の子を妊娠すると、
体ってふしぎ…。
またおっぱいがぐーんとふくらみました。
少しずつ授乳をやめたときは、
急にやめたときと、ちがう。
おっぱいのふくらみが残りました。（個人差があります。）

## もっと飲みたかった?

1才7ヶ月でやめた子は、2才になって、言いました。
本当はもっと飲みたかった。
えーっ
そうだったの。ごめんね。
また、飲む?
うんっ!!
母乳はもう出ていないけど、毎日、何回か
20分位、吸う
…おっぱい、出てる?
ううん。出ない。
吸っていました。
そしてある日ー。
いま、出た!!
毎日吸っていたら、母乳が少し出た!

## そして同時授乳へ

さらにある日ー。
イタ!
ママ、いたいの?
2才
吸われると、乳首がなんだか、痛い。
ママはおっぱいがいたいから、
吸うのをやめてもらっていい?
わかった。もうやめる。
翌年、次の子誕生。
いいなー。私も飲みたい。
いいよ。
3才
以来、ときどき、同時授乳。
2才
5才
かわいかったです。

## 3人目と4人目のとき

3人目と4人目の子は、
ママー、私もおっぱい〜。
毎晩、寝る前に
かわりばんこに授乳していました。
はい。
アー。
(私も。)
2〜3往復します。
ママー。私もー。
もう少し待ってね。
0才
2才
これを、
3年間は続けました。
Z
Z
やっと眠れる…。

## うやむやのうちに…

3年たったある日ー。
ママは今日、とってもくたびれちゃったの。
今夜は、おっぱいお休みね。ごめんね。
えー
のみたーい
5才
3才
ママ、眠ってる…。
ぐー…
Z
まあいいか、抱っこだし…。
(体力の限界。)
ときどき、くたびれた私が眠ってしまうと、
あら。ねてる…。
Z
Z
授乳しないで寝る日が少しずつふえていき、
やがて、いつのまにか
飲みにこなくなりました。

## 少食が気になるときは

少食の子もいます。
少しで
満足なの。
ちょっぴり
もし気になったとしても、
ムリに食べさせると、逆効果です。
もっと食べて。
なんで食べないの?!
こわい…。
楽しいふんいきで、いっしょに食べよう。
おいしいね!
食事って楽しい。
うん!
うんと外で遊ばせて、おなかをすかせた頃におにぎりをあげると、喜んで食べます。
わあい!!
はい。

## フォローアップミルクは必要?

母乳をやめた後に、
フォローアップ
MILK
牛乳
フォローアップミルクや牛乳は、とくに必要ありません。
飲み物は、水が基本です。
常温がいいです。
水
氷は、冷えます。
ときどき、お茶もいいかもしれません。
栄養は、食べ物から取れるので大丈夫です。
うちの子どもたちも、フォローアップミルクは1回も飲んでいませんが
元気に育っています。

# 母乳で虫歯になるってホント？

母乳にくわしい医師は、「母乳を長く飲ませることは、虫歯の原因にはならない」と言っています。虫歯の原因は「歯の質」や「食べ物をよくかんでいるか」、「唾液の量」、「砂糖の取りすぎ」、「歯みがきの不足」などだそうです。

私も、そう思います。なぜならうちには3才過ぎ、5才過ぎまで母乳を飲んでいても、虫歯が1本もない子どもたちがいるからです。

夜になるとクタクタで、
もう、ダメ…。
9才
6才
2才
0才
えほん
ときどき、歯みがきができない日もありました。

下の2人の子は、3才と5才まで授乳。
もう少し待ってて…。
まだー？
夜は、交替で母乳を飲みながら眠りました。

私は夜、添え乳で授乳していました。子どもはとても安心して、ほっとした表情でおっぱいを飲みながら眠りについていました。

そんな眠った子どもの口の中に歯ブラシを入れて、歯をみがけるでしょうか？（せっかく寝たのに、起きちゃう！）なので、自然にそのまま寝かせていました。

その子どもたちは現在、11歳と13歳。今でも虫歯ゼロです。

私は料理にはめったに砂糖を使いません。昆布とかつおぶしのダシ、天然醸造の味噌としょうゆ、にがり入りの塩を使うと、砂糖なしでもおいしいのです。子どもたちのおやつは、1日1回午後3時。飲み物は水が主で、ときどきお茶。スポーツ飲料は意外に糖分が多いので要注意です。

ところが、6才の検診で2人とも「虫歯なし。」
虫歯、ゼロ!!
よかった…。

おやつは1日1回。
飲み物は水か、お茶。
料理にさとうは使わない。
いただきまーす!!
おさとうの取りすぎには気をつけていました。

歯磨きは、1日1回はした方がいいですよね。

でも、実は私は3人目と4人目の子育てのときは体力の限界で、歯みがきをしてあげられない日もときどき、ありました。ひやぁー。（まねしないでくださいね）

それでも、子どもたちは虫歯ゼロなのです。母乳には歯を丈夫にする作用があるのでは？と実感しています。

# 情報を探そう、つながろう

## すずきともこのすすめる本

### ●初めて子育てする人に

『おっぱいでらくらくすくすく育児　〜母乳の方が楽だった?!』
北野寿美代著　金森あかね監修　メディカ出版
薄い！すぐ読める。赤ちゃんの抱き方、母乳の吸わせ方、わかりやすい図解がいっぱい。初心者にも親切なこまかい説明に納得。「テーブルで授乳すると楽」など、アイデアも面白い。

『おっぱいとだっこ』竹中恭子著　堀内勁・梅田馨・山西みな子監修　春秋社
出産から卒乳までの母乳育児のアドバイス。母乳は量ではない。おっぱいと抱っこの本当の意味とは？ミルクを足すときのやり方や、混合栄養から母乳のみにもどすときの方法も載っている。ママと赤ちゃんの立場に立った、現実に即した親身な本。

『母乳と環境　〜安心して子育てするために〜』
本郷寛子著　岩波書店（岩波ブックレット）
とても薄い冊子なのに充実の内容。歴史や社会から母乳を見直す。粉ミルクの情報も掲載。ダイオキシン等の問題にもていねいに明解に回答。

『安心の母乳育児　〜長く続けるために〜』
（母乳育児シリーズ）日本母乳の会
「母乳不足かも」と不安でも本当は足りている場合が多い。安心できるように医師が回答。周囲の人に説明するのにも役立つ。母乳と薬についても解説。

### ●事典のように使える！困ったときに頼れる本

『新・母乳育児なんでもQ&A　〜あなたもおっぱいだけで育てられます』
日本母乳の会編　婦人と生活社
母乳育児のたくさんの質問に医師たちがわかりやすく答える。迷うとき、困ったときに。

『だれでもできる母乳育児』
ラ・レーチェ・リーグインターナショナル著　メディカ出版
ママが入院したときに母乳育児を続ける方法、働きながら続ける方法、外での授乳、双子の授乳、先輩ママの体験談も豊富。

『シアーズ博士夫妻のベビーブック』
ウィリアム&マーサ・シアーズ共著　岩井満理訳　主婦の友社
妻は看護師、夫は小児科医。8人の子どもを育てた二人が妊娠、出産、母乳育児、赤ちゃんの心と体、生活の工夫を伝える。Q&Aの回答が詳しい。

### ●補完食（離乳食）に悩んだら

『おっぱいとごはん』
竹中恭子著　堀内勁・梅田馨・山西みな子監修　春秋社
赤ちゃんが離乳食を食べない、と悩んだらこの本！母乳育児の赤ちゃんの補完食（離乳食）の進め方がくわしく書かれている。おっぱいをやめるときのヒントや、仕事をしながら母乳育児を続ける方法も。

『離乳食　～母乳、混合、人工乳～』（母乳育児シリーズ）日本母乳の会
果汁は必要？離乳食はいつから？フォローアップミルクは？などの質問に医師が回答。薄くて読みやすく、周囲の人を説得するのにも役立つ1冊。

## ●卒乳に迷ったら

『卒乳　～おっぱいはいつまで～』（母乳育児シリーズ）日本母乳の会
「おっぱいをやめる」ってどういうこと？「断乳」とは？「卒乳」とは？子どもが本当に自立するにはどうしたらいい？医師がやさしく説明。

『母乳とむし歯を考える』（母乳育児シリーズ）日本母乳の会
母乳は、虫歯の原因にはならないことを医師が説明。皆に知ってほしい。

## ●抱っこの大切さを知りたい

『抱かれる子どもはよい子に育つ　～こころをはぐくむ愛の心理学～』
石田勝正著　PHP研究所（PHP文庫）
しっかり抱っこをして育てると、一生の心の基礎ができることを医学博士がくわしく解説。思春期にも大人になってからも響く乳幼児期の子育て。

『赤ちゃんと心がむすばれる77の知恵』
ケイティ・アリソン・グランジュ、ベツィ・ケネディ共著
ユカリ・トラビス訳　PHP研究所
「抱っこ」「おんぶ」「添い寝」などのスキンシップの大切さを力説。今、全米で話題の「アタッチメント・ペアレンティング」のポイントとは？

『タッチハンガー　～がんばり続けて、なお満たされないあなたへ』
三砂ちづる著　マガジンハウス
ふれあいの大切さをさまざまな角度から語るエッセイ。ブラジルのサッカーチームが強いのは、思春期になってもスキンシップがあるから？援助交際はさびしいから？高校生までおっぱいを吸っていた人もいる？

『わたしにふれてください』
フィリス・K・デイビス著　三砂ちづる訳　大和出版
飾らない素直な詩が心に伝わる。葉祥明さんのさりげない絵が胸にせまる、心を打つ本です。赤ちゃん、子ども、思春期、大人、老年期、すべての年代の人にふれることの大切さ。

『サイレント・ベイビーからの警告　～子どもたちはなぜ壊れるのか』
堀内　勁著　徳間書店
抱っこしない、話しかけない子育てはどうなるか？問題を起こす10代の子の気持ちとは？お母さんだけを責めるのはやめよう。泣くことも笑うことも少ないサイレント・ベイビーの心を癒す方法は？

## ●赤ちゃんが泣くとき

『子育て　泣きたいときは泣いちゃおう！　～親子が最高に仲良くなるシンプルな方法』　小野わこ著　学陽書房
子どもが泣くとき、カンシャクを起こしたときの対応とは？子どもの心が自然に落ち着く方法とは？親同士で助け合う「親の時間」の方法も紹介。

●思春期から

『きれいをつくるおっぱい体操』 神藤多喜子著 池田書店
おっぱいをゆらすこと、血行を良くすることでリンパ液がスムーズに流れて、老廃物を排泄できる。全身の健康、そして美容にもよい。思春期のときから知っていると体が楽になる。

●出産前に

『私のお産サポート・ノート』
お産情報をまとめる会著
堀内勁・井上裕美・長谷川充子監修 ママ・チョイス
何を質問したらいいのかさえもわからない、初めての妊娠。そんなときの心強い味方。書き込み式で自分の希望を書いたり、専門家のコラムを読んで参考にしたりできる本。納得のいくお産だと、育児を気持ちよくスタートできる。子育てのためにもお産を大切にしたい。

●パパにおすすめ

『パパになったあなたへの25章 ～シアーズ博士夫妻ジュニアから新米パパへの子育てエール』R&J・シアーズ共著 竹内直人日本語版監修
岩井満理訳 主婦の友社
パートナーの妊娠・子育てをどうサポートするか？パパの子育てのヒントがいっぱい。ママが産後うつになったら？夜の生活は？同じパパの立場からの親身なアドバイス。

●祖父母と仲良くしたい

『孫育ての時間（とき）』 山縣威日、中山真由美編 吉備人出版
祖父母向けに書かれた孫育ての知恵。ポイントが具体的でわかりやすい!!
『祖父母に孫をあずける賢いの方法 ～祖父母も孫もみんなハッピー』
棒田明子著 岩崎書店
3世代で仲良く助け合って子育てしたい。孫の世話をどうしたら気持ちよく頼めるか？祖父母に育児の希望を伝えるには？孫が祖父母の愛情をいっぱい受け取って育つための知恵がいっぱい。

●もっとくわしく知りたいときに

『母乳育児の文化と真実 ～MILK, MONEY, AND MADNESS』
N・ボームスラグ、D・L・ミッチェルズ共著 橋本武夫監訳 メディカ出版
世界の歴史や文化を見渡すと？「経済」に圧迫される母乳育児の現実も。
『家族のためのおっぱいとだっこ』 竹中恭子著 春秋社
パパや祖父母からの質問にも答える。「よこはま母乳１１０番」の活動から。
『超教育 ～潜在能力を壊さない子育て 出産から6歳まで』
ダニエル・グリーンバーグ著 大沼安史訳 一光社
子どもが自主的に学ぶ、時間割のない学校を作った著者が母乳育児の大切さを語る。親子のふれあい、スキンシップが育む生きる力とは？

●一般社団法人　日本母乳の会　http://www.bonyu.or.jp/
医師、助産師、保健師、看護師などの医療関係者と母親たちの会

●社団法人　日本助産師会　http://www.midwife.or.jp/
助産師の全国組織。各都道府県支部のHPや助産所も紹介。電話相談あり

●ラ・レーチェ・リーグ日本　http://www.llljapan.org/
母乳で育てたいママを支援する国際的なボランティア団体の国内組織

● NPO 法人　日本ラクテーション・コンサルタント協会　http://jalc-net.jp/
国際認定ラクテーション・コンサルタントと、その他の専門家ための非営利団体

●REBORN（リボーン）　http://www.web-reborn.com/
産む人と医療者をつなぎ、優しいお産を支援する情報サイト。本の情報も充実

● NPO 法人　自然育児友の会　http://shizen-ikuji.org/
自然なお産・母乳育児を実践するなかから学んだ体験を伝え合う活動を行う会

●かながわ母乳の会　http://www.kanabo.jp/
「母乳育児」「胸に抱く育児」を支援する神奈川県の医療者と一般市民の会

●よこはま自然育児の会　http://blog.livedoor.jp/yokohama_shizenikuji/
自然なかたちでの子育てをめざす、横浜のお母さんたちの育児サークル

●よこはま母乳 110 番　http://bonyu110ban.org/
先輩ママが電話で答える。TEL 045-742-8033 金曜 10 ～ 12 時（祭日、第 5 金曜除）

●Umiの家　http://umi.lar.jp/index.html
お産や子育ての専門家と母親が子ども連れで集うスペース（横浜市西区）

●ママブルーネットワーク　http://mama-blue.net/
産後うつの女性と家族をサポートする情報サイト&自助グループ

● NPO 法人　ファザーリング・ジャパン　http://www.fathering.jp/
父親であることを楽しもうと活動しているお父さんたちの組織

●ユウ chan　http://www.yuchan.net/yuchan/index.html
スローな子育てをテーマにした情報サイト。孫育ての情報・アドバイスも発信

●Mo−House（モーハウス）　http://www.mo-house.net/
おっぱいライフを快適にする授乳服やインナーを店舗&ネットで販売

●ママ・チョイス　http://www.mamachoice.co.jp/
自分で選ぶ、出産・育児・健康に役立つ情報とネット通販

# 監修者のひとこと

子どもが健康に育つためには三つの大事なことがあるといわれています。それは自分が育つ世界が安全で安心であるという信頼感、成長のための栄養、そして人間らしい想像・創造の世界を生み出す遊びだといわれています。母乳で自分の赤ちゃんを育てることが当たり前なのは、授乳・哺乳というお母さんと赤ちゃんの相互的な営みの中に、その三つのことが当たり前のように含まれているからです。

現代社会は様々な出来事を分析し、分類し、その結果を純粋に取り出して、人が生きることを容易にするように利用することで進んできました。ところが、余りにもそれが推し進められると逆に見えなくなってしまうこともたくさんあります。ものの豊かさ故の心の貧しさとでもいうべきものでしょうか。日々日常のお母さんと赤ちゃんの育児という行為の中に、赤ちゃんにとってもお母さんにとっても豊かな心の栄養の源があります。それは、おっぱいで赤ちゃんを育てることは、自分と赤ちゃんとの間に一切ものを差し挟まない世界が作られるからです。時に至上の喜びであり、時に、追い詰められたようなつらさを感じるかもしれません。逆にミルク、ほ乳びんなどが自分と赤ちゃんの間に一つ差し挟まれると、一瞬そのつらさから解き放たれることになります。その分喜びも薄められます。育児は自分の赤ちゃんのよいところも悪いところも、お母さん自身のよいところも悪いところも全部丸抱えすることです。母乳だけで育てる方が少ないのは、そうしたことが背景にあるのかもしれません。

作者のすずきともこさんとは、かながわ母乳の会という母乳育児をすすめる医療者と家族の会で巡り会いました。

この会では、お母さんも、お父さんも、おばあちゃんも、産科医も、小児科医も、助産師も、職種を越えて母乳育児について語り合う「わいわいがやがや、母乳育児を語ろう」という集いをおこなっています。私のような医療者も母乳育児の実践者であるお母さんからその体験の豊かさ、難しさを学び、お母さん達も、医師や助産師から母乳育児の生物学的意味などを学びあいます。そうした理論的な内容とお母さんの実体験を本にしてくださいました。しかも、誰が読んでもわかりやすい四コマまんがに凝縮してくださっています。母乳育児の楽しさ、時に難しいことにぶつかった時の解決法などが具体的に描かれています。目からうろこが取れるような場面もたくさん描かれています。

私自身が監修をさせていただいて、楽しい気持ちになってしまいました。おっぱいを介して出会う世界は大変豊かな世界です。

聖マリアンナ医科大学小児科学教室名誉教授：日本母乳の会監事　堀内勁

# あとがき

「私に、子どもが育てられるだろうか？」
一人目の子を妊娠中、とても不安でした。実は、二人目の子の妊娠中も不安でした。
「二人も、育てられるだろうか？」（笑）
そんな私が四人の子を授かり、今年、いちばん上の女の子が二十才になります。
その下に十七才の男の子、十三才の女の子、十一才の女の子がいます。

二十年前、どうしてあんなに不安だったのか、今ならよくわかります。
「情報」と「人手」が足りなかったのです。（子育ては、一人ではできません）
実母と義母は仕事をしていたし、夫は休みが少なく、姉は遠くに住んでいて、近所にはママ友達はまだ一人もいなくて…。赤ちゃんと二人きり、ぽつんと家にいると、外に出かけたくなりました。
「同じように、赤ちゃんがいる友達が欲しい。一緒にいろいろ話したり、遊んだりしたい」
「子育て情報も欲しいなあ」

そこで、育児サークルを探してみました。たまたま見つけて入ったのが「よこはま自然育児の会」でした。毎月、講演会があり、赤ちゃん連れで会場に入ることができました。ところが、講演会に参加しても、座って聞いているだけでは友達ができないのです。そこで、スタッフをやることにしました。文章や絵を書くことが好きだったので、会報編集スタッフになりました。その頃に「よこはま母乳一一〇番」を知り、数年間、相談員をしました。

どちらも、乳幼児連れのママたちがわいわいと助け合いながら活動していて、とても楽しかったです。友達もたくさんできて、情報もいっぱい入ってきました。

しかし、そこで出会ったママたちのお産や子育ての話は、楽しいことばかりではありませんでした。情報や人手が足りないことから、つらい思いをしている人が多かったのです。

とくに母乳で育てていると、周囲の人から、いろいろなことを言われます。

「ミルクを足しなさい」（足す必要がなくても言われる）

「虫歯になるから、やめなきゃダメ」（母乳は虫歯の原因ではないのに）

「自立できなくなるから早くやめなさい。三日三晩泣かせ

ぽつ～ん…
…あれ?
……。
わいわい
楽しい…。

てでも絶対にやめさせるべきです」（長く飲ませても、自立できるのに）

母乳育児について誤解が多く信じられていて、ママたちを悩ませています。

私は母乳育児の本当の情報を届けたくて、「かながわ母乳の会」のスタッフとなり、子育て支援を続けました。

また、「妊婦さんと赤ちゃんとママの集い　ティーパーティ」（横浜市・豊倉助産院のママたちのサロン）の会報「ティーパーティ通信」に、母乳育児の情報と体験談を「おっぱい・ライフのヒント☆」として連載しました。

この本は、十二年続いたその連載の内容を元にして、書き下ろしたものです。気軽に読めるマンガの形で、母乳育児の体験と楽しさを描きました。

この本が生まれるまでに、多くの方からサポートを頂きました。

出版のきっかけを作ってくださった新堀玲子さん、須

「○○」と言われて…。
私も。
そんな…。
できることを…。
イベント手伝い
会報作り
マンガも

藤直子さん、粕谷亮美さん。内容をチェックしてくださった北山紫帆さん、楠元貴子さん、佐久間実花さん、鳥井未来さん、西井紀代子さん、松山周子さん、渡邊なな子さん。

快く監修を引き受けてくださった、「かながわ母乳の会」世話人会代表の堀内勁先生。

なかなか進まない原稿を、叱咤激励して根気強く、本の形になるまで導いてくださった編集者の八田尚子さん。見守りながら本の作り方を一緒に考えてくださった自然食通信社の横山豊子さん。素敵なデザインに仕上げてくださった橘川幹子さん。

長時間、机に向かっている私を見て、家事を手伝ってくれた家族。そして、「本になるのを楽しみにしているよ」と励ましてくださった皆さま。

本当にどうもありがとうございました。この本が、大勢の方のお役に立つことを願っています。世の中も人生もいろいろあるけれど、子どもをあったかく抱きしめて、助け合って、たくましく生き抜いていきましょう。

二〇一一年　九月

すずきともこ

profile

## すずき ともこ

神奈川県生まれ。漫画家。コウ・カウンセラー。4人の子どもを育てている。
「よこはま自然育児の会」1992年度会報編集スタッフ、「よこはま母乳110番」1995年度代表を経て、現在、「かながわ母乳の会」世話人会スタッフとして活動中。
好きなことは読書（マンガも）、絵を描くこと、映画を観ること、海と森に行くこと、歌、散歩。

staff

編集　八田尚子

ブックデザイン　橘川幹子


赤ちゃんはおっぱい大すき
—— マンガ 母乳子育てライフ

2011年10月25日　初版第1刷発行

著者　すずきともこ
監修　堀内勁
編集　自然食通信社編集部

発行人　横山豊子
発行所　有限会社自然食通信社
113-0033 東京都文京区本郷2-12-9-202
電話 03-3816-3857　FAX 03-3816-3879
http://www.amarans.net
郵便振替　00150-3-78026

印刷所　吉原印刷株式会社
製本所　株式会社越後堂製本

乱丁・落丁本はお取り替えいたします。



価格はカバーに表示してあります。



ISBN978-4-916110-94-7